RK-007

MASSIMILIANO AFIERO

BANDENKAMPF LOTTA ALLE BANDE

LA 1.SS-INFANTERIE-BRIGADE SUL FRONTE DELL'EST 1941-43

Bandenkampf. Lotta alle bande - RK007 A First edition Ottobre 2018 by Luca Cristini Ediotre
Cover & Art Design by Soldiershop factory. ISBN code: 9788893273831

In merito alle serie :Italia storia ebook, Ritterkreuz, The Axis Forces ecc. l'editore Soldiershop informa che non essendone l'autore
ne il primo editore del materiale pervenuto per la stesura del volume, declina ogni responsabilità in merito al suo contenuto di
testi e/o immagini e la sua correttezza. A tal proposito segnaliamo che la pubblicazione Ritterkreuz tratta esclusivamente argomenti
a carattere storico-militare e non intende esaltare alcun tipo di ideologia politica presente o del passato cosi come non intende
esaltare alcun tipo di regime politico del secolo precedente ed alcuna forma di razzismo.

Note editoriali dell'edizione cartacea

Bandenkampf: lotta alle bande
La 1.SS-Infanterie-Brigade sul fronte dell'Est - 1941-1943

La storia della prima brigata SS, un reparto sicuramente poco conosciuto e soprattutto poco trattato dalla storiografia ufficiale, pur essendo una formazione che si guadagnò sul campo, almeno nella fase finale della sua storia militare, una buona reputazione, come dimostrato dalle numerose decorazioni concesse ai suoi membri, tra Croci di Cavaliere e Croci Tedesche in Oro. Impiegati inizialmente nelle retrovie del fronte dell'Est, i reparti della Brigata SS furono coinvolti principalmente contro le bande partigiane, nella cosiddetta 'sporca guerra', una lotta senza quartiere e senza esclusione di colpi, che chiamò in causa forze di sicurezza, milizie locali, i famigerati 'Einsatzgruppen', ma anche vari reparti della Waffen SS, e che fu caratterizzata da crimini efferati contro la popolazione civile, per non parlare poi delle operazioni di rastrellamento della popolazione di origine ebraica, il cui totale sterminio era stato deciso dai tedeschi ancora prima che la guerra iniziasse. La crociata contro il bolscevismo non prevedeva, infatti, soltanto l'abbattimento del regime di Stalin, ma anche l'eliminazione degli ebrei, che secondo i tedeschi, avevano partecipato attivamente alla formazione dello stato e della stessa ideologia comunista. La storia dell'unità è raccontata attraverso le testimonianze dei protagonisti diretti e attraverso le pagine dei rapporti ufficiali operativi della Brigata, dalle quali si evincono tutta la tragedia e le nefaste conseguenze dei metodi di repressione utilizzati dai tedeschi per rispondere alla sollevazione, in parte spontanea, delle popolazioni russe. La principale vittima di questa guerra combattuta con violenza inaudita fu proprio la povera popolazione civile, stretta tra le minacce delle forze di occupazione e quella delle stesse bande partigiane, che pretendevano appoggio totale alla loro causa, senza valutare le pesanti conseguenze che sarebbero inevitabilmente scaturite: villaggi bruciati, numerosi civili fucilati e altre migliaia di deportati. A questa prima fase poco gloriosa dell'unità, seguirono diversi impieghi in prima linea contro le forze regolari dell'armata rossa, nel corso dei quali i reparti SS, dimostrarono tutto il loro valore di fronte al nemico, senza risparmiarsi. Trasferita da un capo all'altro del fronte dell'Est, la Brigata SS fu usata come una forza di pronto intervento, per tamponare e risolvere situazioni critiche, sia in prima linea sia nelle stesse retrovie del fronte, dove la minaccia delle bande partigiane era sempre presente. Sperando di aver fatto come sempre un buon lavoro, colgo l'occasione per ringraziare tutti gli amici e i collaboratori che hanno contribuito alla realizzazione di questo nuovo numero speciale, in particolare Cesare Veronesi, Roland Pfeiffer e Charles Trang.

Massimiliano Afiero

SOMMARIO

Il *Reichsführer-SS* **Heinrich Himmler**.

L'*SS-Oberführer* **Julian Scherner, al centro.**

Gruppo di partigiani polacchi.

Formazione della Brigata

Nel progetto di espandere la sua *Waffen SS*, il *Reichsführer-SS* Heinrich Himmler, fin dall'autunno del 1940, decise di utilizzare il personale delle *SS-Totenkopfstandarten* per la formazione di nuove unità SS. Nate per servire nei campi di concentramento, alcune *SS-Totenkopfstandarten* furono impiegate dall'inizio della guerra, come forza di occupazione nei nuovi territori occupati dalle truppe tedesche. Parte del personale di queste unità, iniziò quindi a essere addestrato come una normale forza combattente da impiegare al fronte. Da alcune *SS-Totenkopfstandarten* furono create le divisioni *Totenkopf*, *Nord* mentre altre furono integrate in alcune divisioni della *Waffen SS*. La *1.SS-Inf.Brigade* fu creata con le *SS-Totenkopf-Standarten 8* e *10*.

La *SS-Totenkopf-Standarte 8*

Questo reggimento venne formato l'11 novembre 1939 a Cracovia, su tre battaglioni, inizialmente agli ordini dell'*SS-Brigdf.* Franz Breithaupt. Dal 1° dicembre 1939, l'unità passò infatti agli ordini dell'*SS-Oberführer* Leo von Jena. Il 6 aprile 1940, il suo *III.Bataillon*, agli ordini dell'*SS-Sturmbannführer* Harry v. Bülow, fu impegnato nel settore di Kielce contro un gruppo di partigiani polacchi. In seguito, alle dipendenze dell'*HSSuPF Ost* (Alto comandante delle SS e della Polizia), l'*SS-Ogruf.* Friedrich-Wilhelm Krüger, assicurò la protezione della strada Mniow-Staporkow con due compagnie e della strada Mniow-Wielka con le altre due. Seguirono scontri nelle foreste nel settore di Mniow: l'*SS-Stubaf.* von Bülow ed il suo aiutante, l'*SS-Ostuf.* Cremer, si portarono sul posto chiedendo l'invio di rinforzi. Il *II.Bataillon*, agli ordini dell'*SS-Stubaf.* Kurt Praefke, si portò a sud di Kielce. I partigiani evitarono lo scontro, disperdendosi tra la popolazione locale. La *7.Kp.* fu impegnata a Krolowiec, dove il suo

5

comandante, l'*SS-Hstuf*. Mathias Staufer, rimase gravemente ferito per poi morire qualche giorno più tardi (9 aprile 1940). Su ordine dell'*SS-Stubaf*. Praefke, vennero fucilati dieci ostaggi. Subito dopo, l'*SS-Ogruf*. Krüger ordinò di bruciare tutto il villaggio e di passare per le armi tutti i suoi abitanti. L'ordine fu eseguito dagli elementi della 7. e 8.*Kp*., ma i soldati del teschio, risparmiarono donne e bambini, trasferendoli di nascosto in un villaggio vicino. Compiuta questa missione, il *II.Bataillon* andò a coprire il settore Mniow-Krasna-Rozgul. Nello stesso tempo, la 9. e 10.*Kp*. rastrellarono i boschi a nord di Kielce.

Membro *SS-Tot.-Sta. 10.*

L'*SS-Ostubaf.* Werner Ballauf.

L'8 aprile 1940, il comando della *SS-Tot.Sta.8* poté riferire che il settore Wielka-Krasna-Mniow era stato liberato dalle bande partigiane. Il 22 maggio, il reggimento fu trasferito a Radom. Dal 28 giugno 1940, l'unità passò agli ordini dell'*SS-Oberführer* Julian Scherner, poi nel dicembre dello stesso anno all'*SS-Oberführer* Günther Claasen. Nel settembre del 1940, l'unità fu motorizzata. Il 25 febbraio 1941, l'unità fu rinominata come *SS-Infanterie-Regiment 8*, diventando così a tutti gli effetti, un reggimento della *Waffen SS*. Sulle uniformi, i soldati furono inoltre autorizzati a sostituire la mostrina destra con il teschio con quella con le doppie rune, tipica delle normali unità della *Waffen SS*, così come riportato anche nell'ordine di formazione ufficiale della futura Brigata SS.

La *SS-Totenkopf-Standarte 10*

Anche questo reggimento venne formato l'11 novembre 1939, a Weimar-Buchenwald, con personale anziano della *SS-Totenkopf-Standarte 3 'Thüringen'* che non era stato integrato nella *SS-Division 'Totenkopf'*. Furono inoltre aggiunte nuove reclute. Il comando dell'unità fu assegnato all'*SS-Ostubaf*. Karl Demme. Il 6 dicembre, il *III.Sturmbann* della *SS-Totenkopf-Standarte 5* fu trasferito in blocco al reggimento, formandone il nucleo. Questo però non fu sufficiente a completare l'organico delle varie compagnie, poiché al 9 aprile 1940, l'unità disponeva di 28 ufficiali, 172 ufficiali e 988 soldati. Il 24 aprile, l'unità fu trasferita nell'area di Danzica: lo stato maggiore e il *I.Sturmbann* dell'*SS-Stubaf*. Holscher a Danzica-Langenfuhr; il *II.Sturmbann* dell'*SS-Stubaf*. Strathmann a Bromberg; il *III.Sturmbann* dell'*SS-Hstuf*. Kopff, doveva essere formato a Lauenburg, ma questo non avvenne poiché all'inizio dell'estate la *Standarte* fu trasferita a Cracovia. Il 13 maggio 1940, gli effettivi salirono a 23 ufficiali, 167 sottufficiali e 1.354 soldati. Nell'agosto del 1940, in seguito allo scioglimento della *SS-Totenkopf-Standarte 16*, il *III.Sturmbann* di questa unità fu trasferito a Cracovia e integrato nella *SS-Tot.-Sta. 10*. Il 12 settembre 1940, l'unità fu trasformata in reggimento di fanteria motorizzata, diventando l'*SS-Infanterie-Regiment 10 (mot)*, posto agli ordini dell'*SS-Staf*. Werner Ballauf[1].

Karl-Maria Demelhuber.

Friedrich-Wilhelm Krüger.

La 1.SS-Inf.Brigade

La Prima Brigata SS fu creata il 24 aprile 1941 a Cracovia[2], partendo come già anticipato prima, dalle *SS-Totenkopf-Standarten 8* e *10*, trasformate in due nuovi reggimenti di fanteria SS, l'*SS-Infanterie-Regiment 8* e *10*, e posta inizialmente agli ordini dell'*SS-Brigdf.* Karl-Maria Demelhuber[3]. L'unità fu denominata prima come *SS-Brigade (mot.)*, poi come *1.SS-Brigade (mot.)* ed infine, nel settembre del 1941, come *1.SS-Infanterie-Brigade (mot.)*. Quadri e personale giunsero anche da altre unità della *Waffen SS* e dallo *Stab Befehlshaber der Waffen-SS 'Südost'*. L'unità fu 'motorizzata', grazie a veicoli di preda bellica, soprattutto francesi, così come gli armamenti ed i materiali, anch'essi di provenienza francese e ceca. Nel corso del mese di maggio, la Brigata fu trasferita nel settore Kielce-Debica, dove fu riorganizzata con il seguente ordine di battaglia:

Stab 1.SS-Brigade (mot.)
Nachrichten-Kp./1.SS-Brigade (mot.)
SS-Infanterie-Regiment 8 (mot.)
  I.-III.Btl.
  13.(IG)Kp.
  14.(Fla)Kp.
SS-Infanterie-Regiment 10 (mot.)
  I.-III.Btl.
  13.(IG)Kp.
  14.(Fla)Kp.
Werstatt-Kp.
Sanitäts-Dienste
Ordnung-Dienste
Feldpost-Dienste

Dal 25 maggio 1941, il comando della Brigata passò all'*SS-Brigadeführer* Friedrich-Wilhelm Krüger[4]. L'*SS-Inf.Rgt.8*, era passato invece agli ordini dell'*SS-Staf.* Hans Wilhelm Sacks[5] mentre l'*SS-Inf.Rgt.10*, era sempre agli ordini dell'*SS-Staf.* Werner Ballauf. Come capo di stato maggiore dell'unità, fu designato inizialmente l'*SS-Ostubaf.* Paul Geißler, sostituito nel giugno del 1941, dall'*SS-Hstuf.* Joachim Ruoff. Il 21 giugno 1941, alla vigilia dell'operazione 'Barbarossa', la Brigata fu aggregata al *Kommandostab 'RFSS'*[6], dislocato in quel periodo in Prussia Orientale, lo speciale comando centrale voluto da Himmler, per assicurare la protezione delle retrovie degli *Heeresgruppen 'Mitte'* e '*Süd'*. Appena arrivata, la brigata fu smembrata: lo *Stab SS-Inf.Rgt.8* e il *I./SS-Inf.Rgt.8* dell'*SS-Stubaf.* Schleifenbaum[7], furono aggregati alla *102.Inf.Div.* a Gehlenburg, mentre il *III./SS-Inf.Rgt.8* fu aggregato alla *129.Inf.Div.* a

Grajewo. Nello stesso tempo, la brigata ricevette di rinforzo, il *II./SS-Inf.Rgt.5*, dopodiché fu messa in allerta a disposizione del *XLII.Armee-Korps*, agli ordini del *General der Pioniere* Walter Kuntze. Il 24, la *129.Inf.Div.* fu ritirata dal settore di Grajewo: l'*SS-Inf.Rgt.8*, fu allora trasferito su nuove posizioni, tra Gehsen e Piekutowo, ad eccezione del suo *II.Bataillon*, che fu impegnato in operazioni di sicurezza lungo la frontiera.

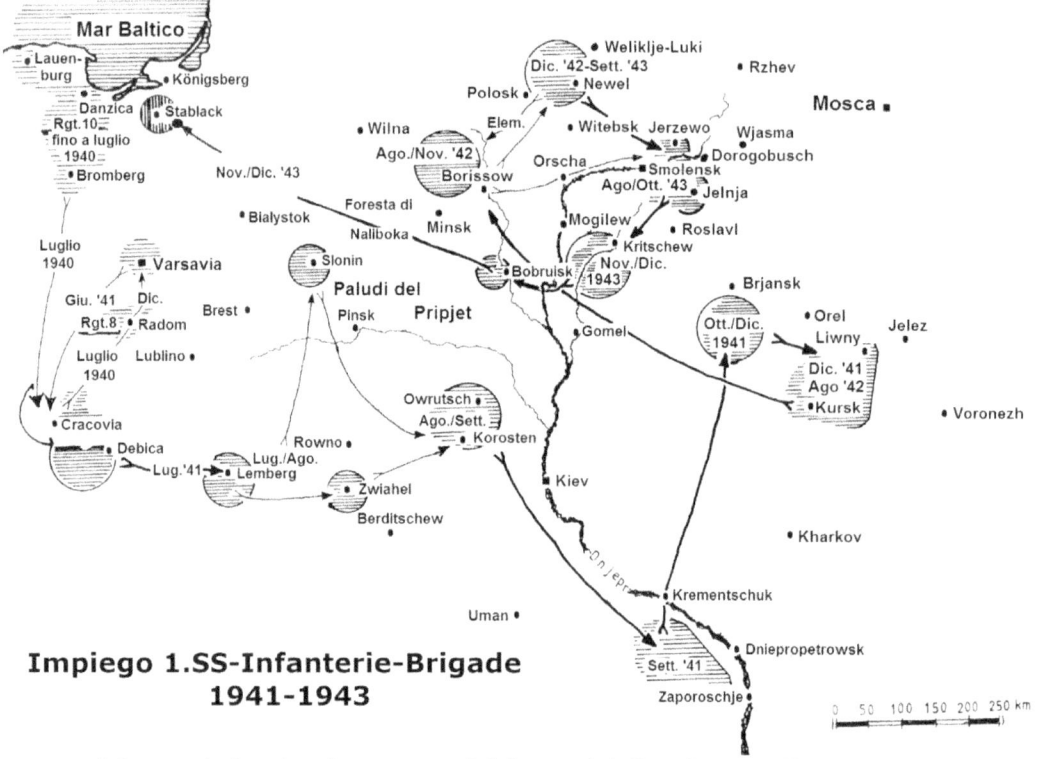

Impiego 1.SS-Infanterie-Brigade 1941-1943

Mappa relativa ai vari spostamenti dei reparti della Brigata tra il 1940 ed il 1943.

Himmler e l'*SS-Gruf.* Knoblauch.

Nella stessa giornata, l'*SS-Inf.Rgt.10*, fu trasferito ad Augustow, per proteggere il ponte che collegava Biala Glina alla frontiera tedesca. Lo Stato Maggiore della Brigata s'insediò a Lick per controllare meglio le sue unità così disperse. Nella serata, giunse l'ordine di ripulire il settore da Gehsen a Augustow e di mantenere libera la strada Grajewo-Augustow.

Il 25 giugno, la Brigata passò agli ordini dell'*SS-Brigdf.* Richard Herrmann[8]. Il 26 giugno, la compagnia trasmissioni, agli ordini dell'*SS-Hstuf.* Paul Moser[9], raggiunse la Brigata a Sonnau. Il giorno dopo, in seguito ad un'accesa discussione tra il *Reichsführer-SS* Himmler e lo Stato Maggiore del *XLII.Armee-Korps*, la *1.SS-Inf.Brigade*, ripartì di nuovo per la Prussia Orientale.

Richard Herrmann.

SS-Ogruf. Friedrich Jeckeln.

Controllo documenti in Russia.

Dal diario di guerra del *Kommandostab 'RFSS'*, alla data del 27 giugno 1941: "*...il* Reichsführer-SS *Himmler, non desidera che le unità del* Kommandostab 'RFSS' *siano impiegate come truppe combattenti perché egli necessita di questi reparti per altri compiti. Un'eccezione può essere rappresentata soltanto dai casi in cui taluni reparti si trovino già impegnati in combattimento nei settori interessati*".

La Brigata SS ricevette quindi l'ordine di trasferirsi a Cracovia, dove i reparti giunsero il 2 luglio. Il 5 luglio 1941, l'unità fu inviata al campo di Debica per poter completare la sua istruzione: in questo modo, aveva perso inutilmente due settimane. Il 9 luglio 1941, il comando della Brigata riferì di aver portato a termine la formazione di tre compagnie fucilieri per ciascun battaglione. Inoltre erano state eseguite esercitazioni tattiche e di combattimento, con particolare riguardo agli scontri nelle foreste e a distanza ravvicinata. Scopo delle esercitazioni: l'accerchiamento e la distruzione delle forze nemiche. Il 14 luglio, l'*SS-Ostubaf.* Carl Sattler[10], rimpiazzò l'*SS-Staf.* Ballauf alla testa dell'*SS-Inf.Rgt.10*. In quel momento, la Brigata fu dichiarata pronta per l'impiego al fronte. Il 22 luglio, giunse l'ordine di portarsi a Lemberg (Lviv) alle dipendenze dell'*HSSuPF 'Süd'*, l'*SS-Ogruf.* Friedrich Jeckeln.

Note

(1) Werner Ballauf, nato il 21 settembre 1890 a Düsseldorf, SS-Nr. 66 679. In precedenza aveva servito al comando del *Nachr.Abt. SS-VT* (1935) e del *III./Sta. 'Deutschland'* (1937).

(2) SS-FHA, Org.Tgb.Nr.1445/41 geh.

(3) Karl Maria Demelhuber, nacque il 27 maggio 1896 a Freising nell'Alta Baviera. Dopo aver partecipato alla Prima Guerra Mondiale, combattuto nei Corpi Franchi e servito nella Polizia bavarese, nel maggio del 1934 entrò nelle *SA* servendo come istruttore al comando addestramento delle stesse, con il grado di *SA-Standartenführer*. Il 15 marzo 1935 si trasferì nelle *SS* (Num. 252.392), con il grado di *SS-Obersturmbannführer*. Il 1° aprile dello stesso anno ricevette il comando del *II./Sta. Deutschland*. Nell'ottobre del '36 assunse il comando della *Standarte SS Germania* con il grado di *SS-Standartenführer*.

(4) Friedrich-Wilhelm Krüger, nato il 27 Febbraio 1894 a Strasburgo. Partecipò come ufficiale alla Prima Guerra Mondiale e nel dopoguerra combatté nel *Freikorps von Lützow*. Dopo aver servito nella Polizia tedesca, nel febbraio del 1931 entrò nelle SS (SS-Nr. 6123), che lasciò qualche mese dopo per entrare nelle SA, dove

9

raggiunse il grado di *SA-Obergruppenführer*. In seguito alla destituzione di Röhm, Krüger rientrò nelle SS. Nell'ottobre del 1939, Himmler lo designò come alto comandante della SS e della Polizia per i territori polacchi occupati (*HSSuPF Ost*).

(5) Hans-Wilhelm Sacks, nato il 2 maggio 1891 a Schwerin, SS-Nr. 365 192. In precedenza aveva servito nella *SS-Tot.Standarte 12*.

(6) Il *Kommandostab Reichsführung-SS*, venne formato per volere di Himmler il 7 aprile 1941 come *Einsatzstab RFSS (Einsatzstab Reichsführer-SS)* e rinominato il 6 maggio 1941. Posto agli ordini dell'*SS-Gruf*. Kurt Knoblauch, questa sorta di comando superiore del *Reichsführer-SS*, doveva coordinare le operazioni antipartigiane sul fronte orientale e assistere le unità tedesche nell'annientare le forze nemiche accerchiate nel corso dell'offensiva. Fu assegnato inizialmente al *XXXXII.Armee-Korps*, ma già il 27 giugno 1941, Himmler lo rimosse dal controllo dei comandi dell'esercito. Le unità del *Kommandostab* erano normalmente assegnate ai vari *Höhere SS und Polizeiführer* (HSSPF) e raramente operarono come un'unica formazione compatta. Le stesse unità furono coinvolte in numerose azioni contro le popolazioni civili nell'ambito delle azioni contro le bande partigiane e appoggiarono l'azione degli *Einsatzgruppen* nella deportazione e l'eliminazione dei civili di origine ebraica. Tra le unità che operarono sotto il controllo del *Kommandostab RFSS* fin dall'estate del '41, ricordiamo la *1.SS-Infanterie Brigade*, la *2.SS-Infanterie Brigade*, l'*SS-Totenkopf Kavallerie Regiment 1*, l'*SS-Totenkopf Kavallerie Regiment 2*, la *SS-Kavallerie Brigade* (dopo l'unificazione dei due precedenti Reggimenti) e l'*SS-Sonderbataillon Dirlewanger*. Dal 26 novembre 1942, il *Kommandostab* passò agli ordini dell'*SS-Brigadeführer* Ernst Rode.

Uomini e veicoli della Brigata in partenza su treno da Debica per la Prussia Orientale (*C. Trang*).

(7) Hermann Schleifenbaum, nato l'8 maggio 1908 a Weidenau, SS-Nr. 309 085. In precedenza aveva servito al comando del *III./Tot.Inf.Rgt.2* (1940).

(8) Richard Herrmann, nato il 20 dicembre 1895 a Grünberg, SS-Nr. 278 322. In precedenza era stato comandante dell'*SS-Kampfgruppe Nord*.

(9) Paul Moser, nato il 23 giugno 1904 a Offenburg, SS-Nr. 103 139.

(10) Carl Sattler, nato il 6 ottobre 1891 a Lippstadt, SS-Nr. 19 474. In precedenza aveva servito nello stato maggiore della *SS-Totenkopfstandarte 10* e nell'*SS-Totenkopf-Infanterie-Ersatz Batallion II*.

Soldati dell'*SS-Inf.Rgt. 8*, impegnati a pulire i loro fucili Mauser (*Collezione Charles Trang*).

Elementi della Brigata, si fanno aiutare da un giovane contadino con il suo carretto, per trasportare le loro casse di munizioni (*Collezione Charles Trang*).

Un soldato della Brigata, con uniforme mimetica, scruta l'orizzonte con il suo binocolo, alla ricerca di eventuali soldati nemici (*Collezione Michael Cremin*).

Sul fronte dell'Est

La Brigata fu impegnata, a partire dal 27 luglio 1941, nel settore Zwiahel-Hoscza, a nord di Berditchev, contro i resti della 124ᵃ divisione fucilieri e delle bande partigiane. Queste ultime si erano mostrate particolarmente abili su un terreno a loro favorevole, caratterizzato da foreste, paludi e totale assenza di strade percorribili.

Rapporto operativo della Brigata, sull'impiego e l'addestramento, relativo al periodo 27-30 luglio 1941:

1) Su ordine ricevuto il 26 luglio 1941, la *1.SS-Brigade* ha iniziato alle ore 7:00 del 28 luglio un rastrellamento nella zona di Zwiahel, valle dello Slucz, Nw.Niropol, Szepetowka, Zaslaw, Ostrog, valle dell'Horyn, Hoscza.

2) Incarico: cattura o distruzione di:
a) residui della 124ᵃ divisione di fanteria sovietica
b) bande armate
c) franchi tiratori
d) persone che hanno contribuito a rafforzare il sistema bolscevico

3) Le operazioni sono state dirette dall'*SS-Obergruppenführer und General der Polizei* Jeckeln.

4) Come riserva, due battaglioni ciclisti del reggimento di polizia *'Süd'* si sono tenuti pronti al limite meridionale della zona di impiego.

Fucilazione di civili russi, sospettati di attività partigiana. Alle loro spalle è stata già scavata da loro stessi, una fossa comune. Altri civili avrebbero coperto i cadaveri.

Soldati della *1.SS-Inf.Brigade* **durante un rastrellamento sul fronte dell'Est, estate 1941.**

....

6) Su un ampio fronte, tutte le località, le macchie, le foreste nella zona d'impiego, sono state sottoposte a sistematico rastrellamento. E' stato impossibile rastrellare i campi di grano sia per l'estensione del territorio (circa 3.800 chilometri quadrati) sia perché sarebbe stato necessario troppo tempo, mentre per il successo dell'operazione, si contava sull'effetto sorpresa.

7) Al termine di questo rapporto, l'azione è ancora in corso in entrambi i settori assegnati ai due reggimenti.

8) Finora non si segnalano perdite nostre né resistenza da parte del nemico.

9) Come successo iniziale si annuncia che circa quaranta ex-soldati russi di nazionalità ucraina che, seguendo l'invito di volantini tedeschi, avevano disertato i propri reparti per tornare nei loro villaggi, sono stati consegnati alla *Wehrmacht* come prigionieri di guerra. Nove militari di nazionalità russa, catturati in abiti civili, sono stati fucilati come franchi tiratori. Inoltre, fino al momento della chiusura di questo rapporto, sono stati fucilati per aver sostenuto il bolscevismo e l'attività dei franchi tiratori, circa 800 ebrei di ambo i sessi, dai 16 ai 60 anni. Sono stati fucilati anche 5 funzionari sovietici (tra cui una donna) che svolgevano la loro attività nei *kolkhoz*.

Posizione difensiva della Brigata sul fronte dell'Est (*Cremin*).

Tombe di caduti della Brigata SS a Zwiahel, estate 1941.

10) Le operazioni di rastrellamento termineranno come previsto entro la sera del 30 luglio 1941.

Nuovi rastrellamenti

Il 3 agosto, la Brigata s'insediò nell'area di Berdyszow e di Stara Konstantinow. La sua attività si limitò in quel periodo a dei rastrellamenti in cerca di reparti nemici rimasti isolati. Il 6 agosto, fu subordinata alla *6.Armee*: l'*SS-Inf.Rgt. 8* rilevò l'*Inf.Rgt.192* (*56.Infanterie-Division*) a Emilczyn, sull'ala sinistra dell'armata, mentre l'*SS-Inf.Rgt.10* doveva essere impegnato a ripulire il settore Tscherniachow, Fesowa, Kaja, Bodyschans e Dworischtschel, dove rimpiazzò l'*SD-Polizei-Bataillon 454*. Per la prima volta dall'inizio della campagna, la Brigata fu realmente impegnata in combattimento: l'*SS-Inf.Rgt.8*, che proteggeva il fianco del *XVII.Armee-Korps*, finì sotto il fuoco dell'artiglieria sovietica davanti alla posizione di Ochotowka.

Rapporto operativo della Brigata, relativo al periodo 3-6 agosto 1941:

Impiego e addestramento

1) Il *III.Bataillon* dell'*SS-Inf.Rgt.10* è dislocato a Ostrog; il *I.Bataillon* a Hrycow. Il plotone esploratori motociclisti ed il plotone fucilieri motociclisti a Kuniow e a Radohoszcz, hanno effettuato un rastrellamento soprattutto contro gli ebrei che appoggiano le bande di partigiani comunisti. Le operazioni si sono svolte senza particolari incidenti.

Inizio: ore 4:45 del 4 agosto 1941. Termine: ore 22:00.

Risultato:

Ebrei fucilati	Ostrog	Hrycow	Kuniow-Radohoszcz
Uomini	732	268	109
Donne	225	-	50
Ex-soldati russi	-	-	1
Totale	957	268	160

Reparti della Brigata SS, si riposano, durante un'operazione antipartigiana (*Collezione Charles Trang*).

Alcune donne-soldato sovietiche, stranamente sorridenti, catturate dai reparti SS durante un rastrellamento.

Reparti SS durante un rastrellamento in un villaggio, accompagnati da un collaboratore civile, 1941.

2) Il 4 agosto 1941, l'ufficiale dello stato maggiore della *1.SS-Brigade* è stato pregato di recarsi presso il comando della *6.Armee*. Previa autorizzazione del capo della Polizia del Servizio di Sicurezza del settore sud, l'ufficiale si è presentato al comando, dove ha ricevuto l'ordine di trasferimento della Brigata dietro l'ala sinistra della *6.Armee*…

3) Alle ore 5:00 del 5 agosto 1941, la *1.SS-Brigade* lascia la zona finora occupata. L'*SS-Inf.Rgt.8* passa nella zona di Emilczyn, l'*SS-Inf.Rgt.10* nella zona di Tschernjachow e Fasowa. Il comando della brigata e i relativi servizi si trasferiscono a Zithomir.

4) Dal 6 agosto 1941, l'*SS-Inf.Rgt.10* sostituisce un battaglione di polizia della *454.Sicherungs-Division* presso Fasowa e Tschernjachow.

Incarico assegnato all'SS-Inf.Rgt.10:
l'*SS-Inf.Rgt.10* in collaborazione con la milizia ucraina rastrella innanzitutto la zona Tschernjachow, Fasowa, Buda Ryshankaja, Dworischtsche, per eliminare bande nemiche penetrate nelle nostre linee in direzione sud, attraverso la breccia apertasi tra le posizioni dell'*Inf.Rgt. 26* ed il *XVII.Armee-Korps*. E' previsto l'ampliamento dell'incarico verso nord-ovest. Fino al momento di questo rapporto non si segnalano combattimenti….

5) Nella notte del 6 agosto, l'*SS-Inf.Rgt.8* ha dato il cambio nella zona di Emilczyn all'*Inf.Rgt.192* della *56.Inf.Div.*, alle dipendenze del *XVII.Armee-Korps*.

Soldati tedeschi in perlustrazione in un villaggio.

Arresto di civili, sospettati di essere partigiani.

Incarico assegnato all'SS-Inf.Rgt.8:

l'*SS-Inf.Rgt.8* protegge il fianco settentrionale, molto esteso in profondità, del *XVII.Armee-Korps* e impedisce la penetrazione di bande nella zona a nord della strada dei rifornimenti nord (Zwiahel-Zhitomir). Fino al momento di questo rapporto non si segnala alcun contatto con il nemico….

6) *Incarico generale assegnato alla 1.SS-Brigade*:

la *1.SS-Brigade* difende la strada dei rifornimenti nord da bande nemiche nella zona Zhitomir-Fasowa-Emilczyn-Zwiahel e protegge l'estremità sinistra dell'ala destra della *6.Armee* nella zona di Emilczyn.

Lotta contro i partigiani

Il 7 agosto, la Brigata proseguì i suoi rastrellamenti su Kol.Czmiel e Kol.Lebiadz. Dalle paludi del Pripjet, i sovietici lanciarono numerosi attacchi, tentando così di aprire una breccia nelle difese tedesche per poi penetrare verso sud. Il 9 agosto, la Brigata riprese i suoi rastrellamenti insieme con il *Sicherungs-Rgt.318* (*213.Sich.-Div.*). Tra il 7 e il 10 agosto, l'*SS-Inf.Rgt.10* fu impegnato contro i partigiani a Fasowa, Buda e Ryschanskaja. A Tschernjachow, la Brigata si rese colpevole dell'esecuzione di 232 ebrei e di diciassette soldati sovietici, trovati con abiti civili.

Rapporto operativo della Brigata, relativo al periodo 6-10 agosto 1941

Situazione generale

A sud di Korosten, il nemico è riuscito a ripiegare sulla stessa Korosten e a nord di questa località, con il grosso

15

delle sue forze, prima che si congiungessero le avanguardie del *XVII.Armee-Korps* e del *LI.Armee-Korps*. Il 7 agosto 1941, il *XVII.Armee-Korps* ha raggiunto la periferia meridionale di Korosten e il giorno successivo ha occupato la città, raggiunta poco dopo anche dai reparti del *LI.Armee-Korps*. La popolazione si comporta bene; in parte, molto impaurita. Gli ebrei che avevano appoggiato le bande sono stati fucilati.

Un gruppo di partigiani tra le paludi.

Civili impiccati alla periferia di un villaggio.

Motociclista portaordini della *1.SS-Inf.-Brigade (mot.)*, trascrive messaggi durante una pausa (*Charles Trang*).

A Zhitomir, sono stati pubblicamente impiccati due ebrei che avevano sulla coscienza la partecipazione all'assassinio di oltre 1.000 persone civili.

Impiego della Brigata

1) Nel periodo al quale si riferisce questo rapporto, la Brigata aveva l'incarico di impedire che bande nemiche minacciassero la linea dei rifornimenti nord nella zona compresa tra le località di Zithomir, Fasowa, Emilczyn e Zwiahel; l'unità doveva effettuare rastrellamenti nella zona indicata alla ricerca di elementi nemici e proteggere l'ala sinistra del *XVII.Armee-Korps* nel settore di Emilczyn e ad ovest di questa località.

2) *Incarico assegnato all'*SS-Inf.Rgt.8*:*

a) L'*SS-Inf.Rgt.8* protegge il fianco scaglionato in profondità del *XVII.Armee-Korps* e impedisce la penetrazione di reparti e bande nemiche verso sud.

b) L'impiego della varie unità avviene come è indicato nel precedente rapporto, ma con questa modifica a partire dal 10 agosto 1941: nella zona di Emilczyn, il *II.Bataillon* è sostituito dal *III.Bataillon* e assume la difesa del fianco del *XVII.Armee-Korps*, stabilendo così il collegamento con il *I.Bataillon* nella zona di Ochotowka.

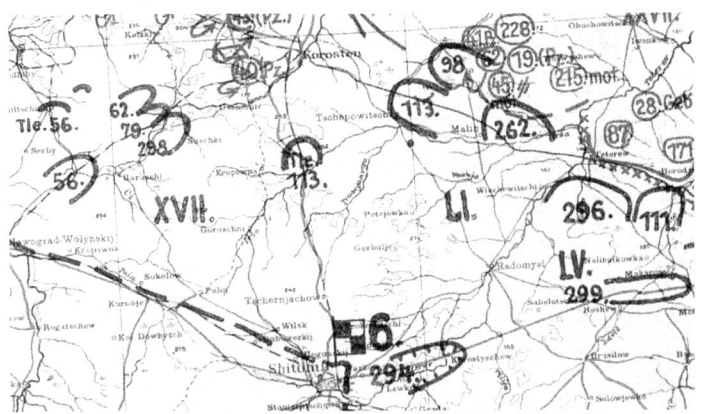

Reparti tedeschi in marcia durante le operazioni di rastrellamento, estate 1941.

Dislocazione dei reparti del *XVII.Armee-Korps* nella zona a nord-ovest di Zhitomir al 1° agosto 1941.

c) 6 agosto: dalle 6:40 alle 7:30, nel settore del *III.Bataillon* cadono circa cinquanta proiettili di artiglieria nemica di vari calibri. Una pattuglia in ricognizione ha catturato quattordici soldati nemici e diciassette disertori. Elementi della *9.* e della *10.Kp.* hanno abbattuto un caccia sovietico, impiegando mitragliatrici e fucili.

Colonna di prigionieri sovietici, avviati verso le retrovie.

Fucilazione di 'agitatori' bolscevichi, estate 1941.

Perquisizione di alcuni prigionieri appena catturati.

La notizia di questo successo delle SS è stata diffusa dal comando della *6.Armee* a tutti i reparti in linea. Ore 20:15: si segnala un bombardamento di artiglieria nemica contro Hobowa. Nessuna perdita. Un nostro reparto in ricognizione ha raggiunto il margine della zona boscosa a ovest di Zubrowicze; durante la marcia di ritorno è avvenuto un breve scontro a fuoco nella zona di Zubrowicze. Un comandante di plotone (l'*SS-Scharführer* Nowak) è stato ferito nel corso dei combattimenti. Catturato un commissario politico sovietico.

7 agosto: vivace attività esplorativa nemica fino ai tratti boscosi su entrambi i lati di Kol.Czmiel. Una pattuglia esploratrice nemica, formata da quindici uomini, è stata annientata. Nostre perdite: un caduto (*SS-Uscha.* Zyprowski). L'*SS-Ustuf.* Maertins[1] è deceduto in seguito allo scoppio di una nostra mina.

8 agosto: ore 7:40, a nord di Kol.Czmiel, nostre pattuglie in ricognizione si sono scontrate con pattuglie nemiche. Nostre perdite: un ferito; un prigioniero. Catturati due soldati nemici, provenienti dalla zona dei *bunker* nei pressi di Seredy. Una pattuglia partita dalle posizioni fortificate a nord di Krywotyn ha riportato quattro prigionieri, dopo un breve combattimento. Nella serata e durante la notte, fuoco di artiglieria nemica nella zona di Kol.Korolowka, Kol.Lebiadz. Pattuglie in ricognizione segnalano postazioni di artiglieria nemica nei pressi di Osowka. Alle 22:30, elementi del *II.Bataillon*, hanno

circondato e catturato un gruppo di tre irregolari. Si tratta di ex-detenuti che avevano l'incarico di eseguire azioni di sabotaggio e di segnalare le posizioni delle truppe tedesche. Catturati inoltre 3 soldati e 8 disertori. Bottino: quattro fucili, una mitragliatrice leggera.

Colonna di prigionieri sovietici avviati verso le retrovie, estate 1941.

Un ufficiale SS supervisiona la distruzione di armi catturate al nemico durante un'operazione antipartigiana, da parte di alcuni civili sovietici, estate 1941.

9 agosto, attività di pattuglia. A partire dalle ore 12:00, alcuni reparti si sono trasferiti verso sud-ovest, per formare una linea di sbarramento alle spalle del *Sicherungs-Regiment 318*, impegnato in rastrellamenti sistematici in direzione nord-est. Nessuna perdita.

10 agosto: nulla di notevole da segnalare. Nessuna perdita.

3) *Incarico assegnato all'SS-Inf.Rgt.10 fino al 9 agosto 1941*

a) Rastrellamento di diversi reparti e bande di partigiani nella zona compresa tra i villaggi di Tschernjachow, Fasowa, Buda, Ryshanskaja e Dworischtsche, a ovest e a sud-ovest di queste stesse località.

b) Dal 10 agosto 1941, rastrellamenti e intercettazione di diversi reparti e di bande partigiane nei tratti boscosi a sud di Korosten, nella zona tra Turtschinka, Meleni, Slobitschi, Uschomir e Krajewschtschina.

Un gruppo di prigionieri sovietici, con le mani alzate e sotto il tiro dei soldati tedeschi, viene avviato verso le retrovie, estate 1941.

Cattura e perquisizione di prigionieri sovietici, civili e militari, estate 1941.

Soldati tedeschi, armi in pugno, impegnati a sfondare una porta di una casa durante un rastrellamento in un villaggio russo.

c) *Operazioni di rastrellamento* effettuate dal *I.Bataillon* nella zona di Fassowka-Nebish-Ryshiny-Buda Ryshanskaja-Goroschki. Inizio 7 agosto 1941, termine 8 agosto 1941 ore 19:00. Risultato: 25 soldati sovietici prigionieri (16 di questi sono stati consegnati alla Brigata).

Operazioni di rastrellamento effettuate dal *II.Bataillon* nella zona di Kol.Federowka, 15 chilometri a nord-ovest di Tschernjachow. Inizio 7 agosto 1941 ore 15:00, termine 8 agosto ore 14:00. Risultato: fucilazione ex sindaco bolscevico di Federowka.

Operazioni di rastrellamento effettuate dal *II.Bataillon* a Styrty, 8 chilometri a nord-est di Tschernjachow. Inizio 8 agosto 1941 ore 14:00, termine 8 agosto 1941, ore 19:00. Risultato: nulla da segnalare.

Operazioni di rastrellamento effettuate dal *III.Bataillon* nella zona compresa tra i villaggi di Tonorischtsche, Terinzy, Dworischtsche e Tschernjachow. Inizio 7 agosto 1941, ore 10:00, termine 7 agosto 1941 ore 18:00. Risultato: fucilazione di ebrei e di bolscevichi.

Ricognizione effettuata dalla *11.Kp./SS-Inf.Rgt.10* nella zona di Tonorischtsche-Woroff-Rudnja Worowskaja-Brashinka-Wydybor-Shadki-Sselez. Inizio 8 agosto 1941 ore 10:00, termine 8 agosto 1941 ore 17:00. Risultato: eliminazione di bolscevichi, funzionari politici, ebrei.

Operazioni di rastrellamento effettuate da reparti dell'*SS-Inf.Rgt.10* a Tschernjachow. Inizio 7 agosto 1941 ore 15:00, termine 8 agosto 1941 ore 11:00. Risultato: fucilazione di 232 ebrei che avevano collaborato con le bande bolsceviche e di 17 militari russi in abiti civili che di giorno si nascondevano nei boschi e nei campi, e di notte penetravano nei villaggi...

Operazioni di rastrellamento effettuate dal *II.Bataillon* nella zona di Kol.Federowka, 15 chilometri a nord-ovest di Tschernjachow. Inizio 7 agosto 1941 ore 15:00, termine 8 agosto 1941 ore 14:00. Risultato: fucilazione di 5 agitatori bolscevichi.

Cattura di due civili russi sospettati di attività partigiana da parte di reparti SS. In primo piano, un carro sovietico distrutto durante la rapida avanzata tedesca nell'estate del 1941.

Soldati tedeschi impegnati a recuperare materiali e armi da un nascondiglio segreto dei partigiani in un villaggio, durante un rastrellamento, estate 1941.

Operazioni di rastrellamento eseguite dal *III.Bataillon* nella zona compresa tra i villaggi di Tonorischtsche, Terenzy, Dworischtsche e Tschernjachow. Inizio 7 agosto 1941 ore 10:00, termine 7 agosto 1941 ore 18:00. Risultato: la zona è pacificata; non si incontrano più né ebrei né bolscevichi. Fucilazioni: nove ebrei bolscevichi a Malgoroschki. Prigionieri: 21 soldati bolscevichi condotti il 9 agosto al 'centro raccolta prigionieri'.

Ricognizione effettuata dal *I.Bataillon* nelle zone boscose immediatamente a nord della strada Fasowa-Kwawerow. Inizio 9 agosto 1941 ore 6:00, termine 9 agosto 1941 ore 19:00. Risultato: cattura di 8 disertori ucraini e russi. Fucilazione di 3 ebrei bolscevichi. A circa

2,5 chilometri a nord-ovest di Fasowa, sono stati seppelliti due militari tedeschi che erano caduti in combattimento, da circa dodici giorni.

Un reparto tedesco con cani pastore al seguito, durante un'operazione anti-partigiana, agosto 1941.

Ausiliari ucraini al servizio dei tedeschi, estate 1941.

Reparti tedeschi alla periferia di un villaggio in fiamme, durante un rastrellamento alla ricerca delle bande partigiane.

Operazioni di rastrellamento effettuate dal *II.Bataillon* nella zona Tschernjachow-Zithomir-K.Boljarka-Wilsk. Inizio 9 agosto 1941 ore 5:15, termine 9 agosto 1941 ore 18:10. Risultato: fucilazione di 59 ebrei, cattura di 8 sovietici. La ricerca di armi non ha dato risultati positivi.

Ricognizione effettuata dal *III.Bataillon* dalla zona di Goroschki, in direzione ovest. Inizio 9 agosto 1941 ore 6:00, termine 9 agosto 1941 ore 19:30. Rilevamenti e risultati: le strade che si diramano dal villaggio di Goroschki verso ovest sono in cattive condizioni e percorribili solo in parte dagli autoblindo e non dagli autocarri. La linea lungo le posizioni di Daschinka, Sl.Kurgany, Kol.Czelnowa e Kol.Ostrowka è stata tuttavia raggiunta dai nostri reparti. Dopo la fucilazione di trentasei ebrei comunisti, nessun nemico si trova più in queste località.

Note

(1) Alfred Maertins, nato il 18 febbraio 1914 a Dirschau, SS-Nr. 52 418. Dopo aver frequentato la *SS-Junkerschule* di Braunschweig nel 1940, fu assegnato alla *2./SS-Inf.Rgt.8*. Nella documentazione ufficiale la sua morte è registrata il 7 agosto 1941 in località Ammenskaja.

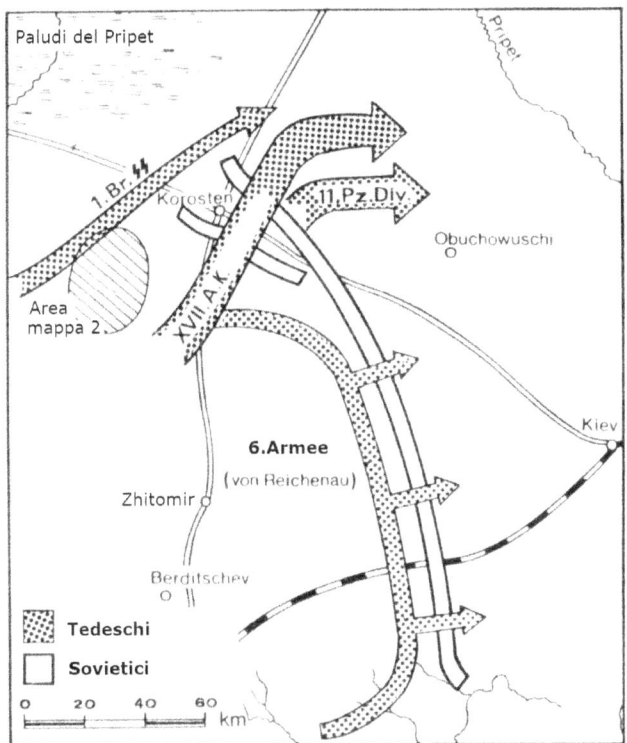

Situazione generale al 10 agosto 1941.

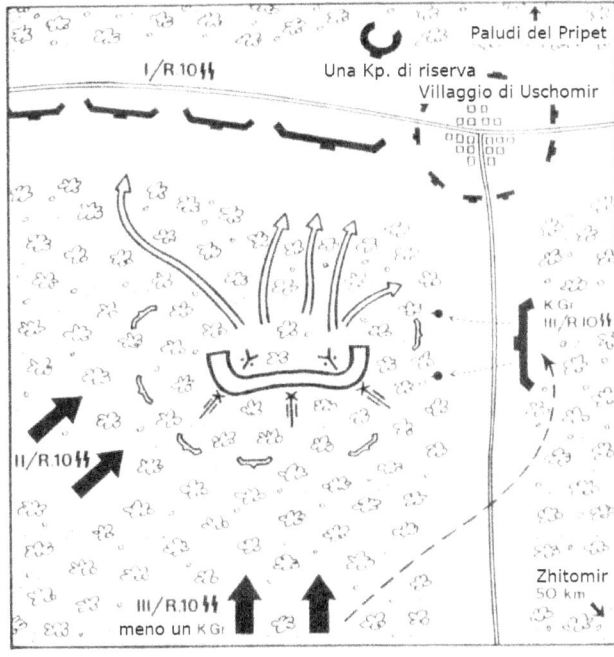

La battaglia nella foresta di Uschomir, 13-14 agosto.

Nel settore di Uschomir

Il 10 agosto, terminate queste operazioni, l'unità fu trasferita a cinquanta chilometri a nord-ovest di Zithomir, dove truppe sovietiche, con una forza stimata tra gli 800 e i 1.000 uomini, minacciavano le linee dei rifornimenti della *6.Armee*. Il settore operativo assegnato all'unità formava un rettangolo di trenta chilometri per cinquanta. Situato a nord delle paludi del Pripjet, il terreno era caratterizzato da fitte foreste paludose, all'interno delle quali erano disseminati una dozzina di villaggi. Il *I./SS-Inf.Rgt.10* dell'*SS-Ostubaf.* Kistler[1] doveva stabilirsi a difesa a nord di questo settore, nei pressi del villaggio di Uschomir, alfine di opporsi alla ritirata dei sovietici in direzione delle paludi, dove si trovava il grosso delle forze nemiche. Il *II.*, agli ordini dell'*SS-Stubaf.* Strathmann[2] ed il *III./SS-Inf.Rgt.10*, agli ordini dell'*SS-Stubaf.* Kummer[3], dovevano attaccare da sud-ovest e sud-est, con l'obiettivo di respingere il nemico verso nord, contro le posizioni difese dal *I./SS-Inf.Rgt.10*. Il terreno paludoso non permise l'impiego di camion e moto, per cui i reparti dovettero muoversi esclusivamente a piedi e senza armi pesanti. La *12.Kp./SS-Inf.Rgt.10*, duramente impegnata, dovette ritirarsi per ristabilire il collegamento con lo stato maggiore del *III./SS-Inf.Rgt.10*. Non era però una cosa facile, poiché le diverse compagnie, vista l'immensità del territorio da coprire, erano separate da intervalli tra i tre ed i cinque chilometri. Un *Kampfgruppe*, costituito dalla *9. e 12.Kp./SS-Inf.Rgt.10*, tentò allora di opporsi ad una eventuale fuga delle forze nemiche da sud e da est. Infatti, queste ultime, malgrado la loro superiorità numerica (c'erano lì, i resti di un reggimento, circa novecento uomini), evitarono di combattere in campo aperto, preferendo ripiegare verso nord. Nella notte tra il 12 ed il 13, dopo un combattimento coronato da successo che ebbe luogo al centro della foresta, il *III./SS-Inf.Rgt.10*, ricevette la resa di un gran numero di disertori sovietici, tra i duecento ed i trecento uomini. Il 14 agosto, ciò che restava del reggimento sovietico fu circondato a sud-ovest di Uschomir. L'attacco destinato ad annientarlo fu lanciato verso mezzogiorno dal *III./SS-Inf.Rgt.10*, che lamentò 36 caduti (tra i quali cinque ufficiali) e 40 feriti, in meno di tre ore di combattimenti. L'arrivo del *II./SS-Inf.Rgt.10* nel corso della notte, permise di ristabilire una situazione diventata difficile. Accerchiati e senza possibilità di fuga, i sovietici si arresero in massa. Il 16 agosto, la Brigata annunciò di aver catturato 871 soldati sovietici, 14 pezzi di artiglieria e 11 pezzi anticarro. Il giorno dopo, l'*SS-Inf.Rgt.10* fu trasferito ad est di Zwiahel per una nuova operazione di rastrellamento.

Soldati tedeschi impegnati tra le foreste.

Battaglia nella foresta di Uschomir

Dalle memorie dell'*SS-Standartenführer* danese, Poul Ranzow Engelhardt[4]

A Debica, la Brigata SS continuò ad addestrarsi fino al 23 luglio 1941, quando giunse l'ordine di trasferimento sul fronte dell'Est, per proteggere le linee dei rifornimenti e combattere le bande partigiane. In due giorni, tra il 23 e 24 luglio, la *1.SS-Inf.Brigade*, marciò per quattrocento chilometri, attraverso i territori polacchi precedentemente occupati dai sovietici. L'area era densamente abitata ed era attraversata da buone strade. Non c'erano partigiani. I veicoli mantenevano tra loro una distanza di circa cento metri e con le mitragliatrici antiaeree pronte a fare fuoco. Di notte, i veicoli marciavano a fari spenti, ad eccezione di una piccola luce blu, posta davanti e dietro ai mezzi. Malgrado queste precauzioni, le colonne furono attaccate più volte dall'aviazione sovietica. Quando i reparti giunsero nei territori sovietici, il panorama cambiò drasticamente. I pochi villaggi presenti distavano tra loro alcune decine di chilometri ed erano collegati da misere piste, adatte esclusivamente al transito di cavalli e carretti. Le poche strade percorribili, erano usate dai convogli che trasportavano i rifornimenti per la *6.Armee*.

Feldgendarme SS controlla un fucile sovietico recuperato in un villaggio, sotto lo sguardo di un civile (*Illustrierter Beobachter*).

Squadra SS addetta alla lotta antipartigiana.

Tra i villaggi c'erano enormi campi che erano stati coltivati miseramente ed erano pieni di arbusti ed erbacce. C'erano inoltre fitte foreste, che si estendevano per decine di chilometri, all'interno delle quali non c'erano strade e il terreno era molto paludoso. Erano queste il terreno ideale per le bande partigiane. Poiché non uno degli ufficiali della brigata aveva fatto esperienza nella lotta anti-partigiana, le operazioni furono condotte in un modo molto imbarazzante. Quando una banda partigiana attaccava una colonna di rifornimenti, sempre lontano dalle zone abitate, passava molto tempo prima che l'incidente fosse scoperto. Tra il 25 luglio e il 9 agosto 1941, le compagnie della Brigata furono inviate da un punto all'altro del settore, arrivando sempre in ritardo per combinare qualcosa. Furono tentati dei rastrellamenti sul territorio, con catene di fucilieri lunghe chilometri: i vari battaglioni muovevano da differenti direzioni, per poi convergere verso la zona dove erano stati avvistati i partigiani. Altri tentativi furono fatti, inviando le compagnie in tutti i villaggi, lungo un raggio di 10-20 chilometri a partire dal punto dove i partigiani avevano attaccato. Delle guardie erano lasciate nei villaggi mentre delle squadre pattugliavano le strade e le foreste. I risultati furono però sempre scarsi. Nelle prime due settimane di queste operazioni, la *1.SS-Inf.Brigade* con i suoi settemila uomini, era riuscita a catturare solo un centinaio di soldati sovietici, che si erano nascosti tra la popolazione locale o nelle foreste. Solo alcuni di essi erano effettivamente dei partigiani. Furono trasferiti al più vicino campo di prigionia. Nella giornata del 9 agosto 1941, la Brigata si trasferì nell'area a 35 chilometri a nord di Zhitomir. Durante la notte, giunse l'ordine di andare a rinforzare immediatamente il fronte sull'ala settentrionale della *6.Armee*, nella parte meridionale della paludi del Pripjet. In quel periodo, la *6.Armee* era duramente impegnata contro i reparti sovietici lungo un fronte di circa 150 chilometri che andava dall'area a sud-est di Korosten a quella a sud-ovest di Berditchev. L'*SS-Inf.Rgt.10* in questo periodo fu distaccato dalla Brigata, per essere impegnato in rastrellamenti nell'area boscosa situata a cinquanta chilometri a nord-ovest di Zhitomir, dove truppe regolari sovietiche, comprendenti i resti di un reggimento di fanteria (circa 800-1.000 uomini), stavano operando contro le colonne dei rifornimenti della *6.Armee*.

Soldati tedeschi in un villaggio russo, 1941.

Cattura di soldati sovietici, estate 1941.

Reparti della Brigata SS durante un rastrellamento, 1941.

L'area operativa dell'*SS-Inf.Rgt.10* misurava circa trenta chilometri da ovest ad est e circa cinquanta chilometri da nord a sud. Si trattava di una vasta pianura con fitte foreste di pini. Tra le foreste, c'erano una dozzina di villaggi isolati, ciascuno comprendente una ventina di case. Con poche informazioni sull'area, ma sapendo che il nemico aveva l'intenzione di ritirarsi verso nord per stabilire il collegamento con le forze regolari dell'armata rossa, l'*SS-Inf.Rgt.10* iniziò a muoversi al mattino del 10 agosto. L'operazione doveva essere condotta nel seguente modo: il *I./SS-Inf.Rgt.10* doveva raggiungere il limite settentrionale dell'area, rastrellarlo e attestarsi in posizione difensiva in prossimità del villaggio di Uschomir, fronte sud. L'uscita dalla foresta doveva essere bloccata per prevenire la fuga delle forze nemiche intrappolate. Il *II.* ed il *III./SS-Inf.Rgt.10*, dovevano muovere da sud-ovest e sud-est nelle foreste, con l'obiettivo di spingere le forze nemiche verso nord, così da poterle circondare ed eliminare con un'azione combinata da parte dei tre battaglioni. Dopo essere stati riforniti, i battaglioni furono trasportati su camion nei punti prestabiliti ai confini della foresta. A causa del cattivo stato delle strade e del terreno, le moto e i camion, dovettero fermarsi più volte.

In ogni caso, tutti i villaggi furono rastrellati. L'avanzata dei reparti fu organizzata in modo che ogni 8-10 chilometri, le compagnie si fermavano per stabilire i collegamenti con le compagnie vicine sulla sinistra e sulla destra….Alle 6:30, il *II.* ed il *III./SS-Inf.Rgt.10* iniziarono ad operare contemporaneamente, limitando la loro avanzata a non più di due chilometri per ora. Verso mezzogiorno, la *12.Kp./SS-Inf.Rgt.10*, intercettò alcuni disertori sovietici che furono subito inviati al comando del battaglione per essere interrogati.

Soldati SS controllano dei prigionieri sovietici appena catturati, estate 1941.

Un sottufficiale SS impartisce ordini.

Questi confermarono che un reparto dell'armata rossa era dislocato qualche chilometro più a nord, al riparo delle fitte foreste. L'avanzata continuò alle 17:00, quando la *12.Kp.* arrivò a uno dei piccoli villaggi senza aver trovato alcun reparto nemico. Nel villaggio, furono interrogati alcuni civili. I più giovani restarono in silenzio, mentre i più anziani rivelarono che l'unità sovietica era stata superata dall'avanzata tedesca. E così fu necessario rifare il percorso a ritroso usando alcuni civili come guide. Prima che facesse notte, gli elementi all'avanguardia furono attaccati dal nemico, subendo perdite. La compagnia si trovò in difficoltà: essendo la compagnia pesante del battaglione, aveva solo 120 uomini armati con fucili, pistole mitragliatrici e pistole, avendo dovuto lasciare la maggior parte delle sue armi pesanti sui camion ai bordi della foresta, quindi non poté proseguire l'attacco di notte. I reparti arretrarono di circa cinquecento metri, tentando di stabilire il collegamento radio con il comando del battaglione, senza successo. Una delle compagnie più vicine, la *9.Kp.*, intercettò il messaggio e tentò di trasferirlo a sua volta al comando del battaglione, ma ancora una volta senza successo. Pertanto il comandante della compagnia, decise di formare un

Kampfgruppe con la *9.* e la *12.Kp.* e dispose le sue truppe sul terreno come una larga mezzaluna alfine di prevenire la ritirata dei sovietici verso sud e verso est. Ma le forze tedesche erano troppo poco numerose per poter circondare completamente i sovietici.

Reparti SS scrutano l'orizzonte dopo aver 'rastrellato' un villaggio, estate 1941.

Stazione radio di un reparto SS.

C'erano a disposizione circa 250 uomini che dovevano proteggere anche i fianchi, le retrovie e circa 1,5 chilometri di fronte. Il comandante del *Kampfgruppe* fu avvisato che un reparto dell'artiglieria della *6.Armee* aveva una potente stazione radio alla periferia della foresta. E così, inviò un messaggio radio al comando del *III./SS-Inf.Rgt.10*, affinché fosse completato l'accerchiamento delle forze sovietiche. Sfortunatamente, il messaggio giunse solo alle 22:00. Le due restanti compagnie del Battaglione, la *10.* e la *11.*, riuscirono a prendere posizione solo alle 3:30 del giorno dopo. Quando le forze tedesche rilanciarono l'operazione, i sovietici erano scomparsi nuovamente. La caccia del nemico continuò verso nord, dove il *I./SS-Inf.Rgt.10* stava aspettando. Questa volta il compito fu più semplice, poiché i tedeschi poterono seguire le tracce del nemico. Altri disertori furono raccolti nel corso della giornata e nei giorni successivi, fornendo ai servizi di informazione tedeschi dati preziosi circa l'organizzazione, l'armamento e la strada seguita dal reggimento sovietico. I resti della forza nemica, si aggiravano tra i 700 ed i 900 uomini, ben equipaggiati con armi automatiche e pesanti. Il reggimento sovietico era mantenuto unito solo grazie agli sforzi di un commissario politico e di alcuni ufficiali fanatici comunisti.

Interrogatorio di un civile.

Soldati SS impegnati in un rastrellamento in un villaggio.

Un portaordini riceve le istruzioni da un graduato SS. Notare in testa a quest'ultimo, il retino di protezione dalle punture degli insetti, estate 1941.

Nella giornata dell'11 agosto, altri venticinque disertori arrivarono al comando del *III./SS-Inf.Rgt.10*, ma ne arrivarono molti altri anche nei giorni seguenti. Durante le ore notturne, le forze sovietiche continuarono a ritirarsi verso nord, evitando di combattere. Usavano cavalli e muli per trasportare i rifornimenti e i materiali, conoscevano la foresta molto bene e ne avevano fatto un loro grande alleato. Ecco perché riuscivano a muoversi di notte e a sparire di giorno. Il reggimento sovietico era inoltre in collegamento radio con le forze amiche dislocate più a est: infatti, nel pomeriggio dell'11 agosto, il *III./SS-Inf.Rgt.10*, fu attaccato dai caccia bombardieri sovietici mentre attraversava una radura nella foresta. Un attacco mirato, frutto delle indicazioni precise delle forze nemiche in fuga nella foresta. Nel corso dell'attacco, rimasero uccisi almeno otto soldati SS. L'inseguimento delle forze nemiche proseguì fino a mezzanotte, quando il *III./SS-Inf.Rgt.10* fermò le sue compagnie, su una linea del fronte, lunga circa otto chilometri. La marcia riprese solo al mattino del 12 agosto, tra il fango e milioni di zanzare e insetti di ogni tipo. I soldati SS usavano delle reti di protezione sui loro elmetti per difendersi come meglio potevano, dalle punture degli insetti. Verso le 9:00, un gruppo di artiglieria tedesco aprì il fuoco su una radura, dove si presumeva che ci fossero i sovietici. Il nemico era sicuramente stato lì durante la notte, ma a quell'ora era già svanito. Fu quindi un inutile dispendio di munizioni.

Postazione difensiva della *1.SS-Inf.Brigade*.   **Reparti tedeschi e villaggio in fiamme.**

Soldati SS e civili russi, estate 1941.

Durante la giornata, i reparti tedeschi marciarono con maggiore rapidità, concedendosi poche pause. Il risultato fu, che verso mezzogiorno, le pattuglie esploratrici riferirono ai comandanti di compagnia di aver subito fuoco nemico in un'area che si trovava esattamente al centro della foresta. Il comandante del *III./SS-Inf.Rgt.10* decise quindi di lanciare un attacco facendosi precedere da un fuoco di preparazione dell'artiglieria. Una pattuglia rinforzata agli ordini del comandante della compagnia armi pesanti ricevette l'ordine di portarsi in avanti per predisporre un posto avanzato di osservazione per l'artiglieria. Una linea telefonica fu stesa tra questo posto e la batteria di obici dislocata a circa 1.500 metri da dove si supponeva fossero i sovietici. Dopo qualche tiro di aggiustamento, gli obici iniziarono ad aprire il fuoco. Quando il fuoco cessò e iniziò a fare buio, i tedeschi mossero verso le posizioni sovietiche, non incontrando alcuna resistenza. Furono trovate tracce dei bivacchi nemici. Le granate che erano esplose, avevano colpito le concentrazioni nemiche: ovunque c'erano i resti di corpi dilaniati, uomini e animali. Le vie di fuga furono scovate. Durante la notte e alle prime luci del 13 agosto, un gran numero di disertori (tra i duecento ed i trecento) si arresero ai tedeschi, dopo essere riusciti a sfuggire al controllo degli ufficiali politici nella confusione del bombardamento di artiglieria. Essi riferirono, che c'erano altri quattrocento uomini con alcuni ufficiali, ancora sotto il controllo di un commissario politico e tre suoi tirapiedi e che il gruppo stava ancora marciando verso nord. Il *III./SS-Inf.Rgt.10* si lanciò subito al suo inseguimento. Nel primo pomeriggio, la trappola fu sul punto di essere completata: a sud, il *III./SS-Inf.Rgt.10* seguiva a corta distanza le forze nemiche, mentre ad ovest, il *II./SS-Inf.Rgt.10* iniziò a convergere in direzione dei sovietici. A nord, a circa 18 chilometri dal *III./SS-Inf.Rgt.10*, il *I.Bataillon* era dislocato su un ampio fronte e stava aspettando l'arrivo del nemico. A Uschomir, il personale delle unità di servizio, aveva organizzato delle posizioni difensive alla periferia del villaggio. E così l'accerchiamento fu completato.

Esploratori motociclisti SS in un villaggio russo, estate 1941.

Un ufficiale SS, estate 1941.

Soldati SS si preparano ad attaccare un villaggio.

Una mitragliatrice ceca *Zb Vz.37* in posizione.

Ad est della sacca c'era una strada tra la foresta che andava da Uschomir verso sud. Questa strada era pattugliata da due squadre esploratori motociclisti del *II.* e *III./SS-Inf.Rgt.10*, in tutto una cinquantina di uomini. Il comando dell'*SS-Inf.Rgt.10*, ordinò al *III.Bataillon* di organizzare un *Kampfgruppe* basato sulla compagnia armi pesanti, una mezza compagnia di fanteria e due squadre esploratori motociclisti, per bloccare ogni eventuale fuga dei sovietici verso est. Il resto del *III.Btl.* doveva continuare a premere contro il nemico. Durante la notte, gli elementi del *Kampfgruppe* iniziarono a marciare verso la parte orientale della foresta dove stavano ad aspettarli dei camion, con a bordo le armi pesanti. All'alba del 14 agosto, questo gruppo fu dislocato su un ampio fronte lungo circa cinque chilometri, a sud di Uschomir. L'ala meridionale di questo *Kampfgruppe* era difesa da due squadre motociclisti. Il comandante dello stesso *Kampfgruppe*, stabilì il contatto con le forze a Uschomir e con il *I./SS-Inf.Rgt.10*, la cui ala orientale era a circa un chilometro ad ovest del villaggio. Due pattuglie, comprendenti ciascuna una dozzina di uomini, furono quindi inviate nella foresta per osservare i progressi del nemico. Avevano con sé delle pistole lanciarazzi per 'guidare' il fuoco degli obici tedeschi. Dopo quattro giorni vissuti tra le foreste, gli uomini di questo *Kampfgruppe*, riuscirono a lavarsi e a mangiare un pasto caldo. Dalle testimonianze rilasciate dai disertori, il comando dell'*SS-Inf.Rgt.10* riuscì a determinare che le forze sovietiche fossero i resti di un reggimento di fanteria con un colonnello, tre maggiori, un commissario, tre ufficiali politici e tra i 750-800 uomini. Più della metà di questa forza aveva disertato, ma la parte restante continuava a battersi sotto la pressione degli ufficiali politici.

Una squadra mitraglieri della *Waffen SS* impegnata ad attraversare un corso d'acqua.

Nel pomeriggio del 14 agosto, alcune pattuglie del *I./SS-Inf.Rgt.10*, presero contatto con la forza sovietica a 4-5 chilometri a sud delle posizioni difensive del battaglione. Altre pattuglie avanzate del *Kampfgruppe* orientale riferirono la stessa informazione al loro comandante per poi ritirarsi rapidamente verso le posizioni principali dello stesso *Kampfgruppe*. E così le forze tedesche a nord e ad est della foresta, si prepararono a fronteggiare un violento e disperato attacco delle forze sovietiche contro le loro posizioni. Le cose andarono però diversamente. Il grosso del *III.Bataillon* avanzò così rapidamente (da sud) che alle 17:00 incappò in una posizione difensiva nemica. Le pattuglie avanzate sovietiche, nascoste nella foresta, aprirono subito il fuoco contro i reparti SS. Alcuni pezzi anticarro furono messi in posizione, a poche centinaia di metri, dalla zona dell'imboscata.

Mitraglieri SS e villaggio in fiamme.

Per tre ore consecutive, i tedeschi attaccarono le posizioni nemiche. I tiratori scelti sovietici, nascosti sopra gli alberi, presero di mira i graduati SS, centrandone diversi. In poco tempo, i sottufficiali furono chiamati ad assumere il comando sul campo dei plotoni e delle compagnie. A causa del fuoco combinato dei pezzi anticarro, dei mortai, delle armi automatiche e dei cecchini, l'attacco tedesco fu bloccato. Il *III.Bataillon* fu costretto a ripiegare di circa un chilometro. Un *Haupsturmführer*, quattro *Obersturmführer* e 31 sottufficiali e soldati erano rimasti uccisi, altri quaranta uomini feriti[5]. Il 19% degli effettivi persi in un combattimento durato poco più di tre ore era un alto prezzo pagato per le compagnie del *III./SS-Inf.Rgt.10*. Il II.Bataillon fu attirato dai rumori della battaglia, ma riuscì ad arrivare sul posto solo a notte fonda. In ogni caso, l'attacco tedesco forzò i sovietici a proseguire la ritirata. Durante la notte, con il favore delle tenebre e la buona conoscenza del terreno, essi tentarono di uscire dalla foresta verso nord e verso est. A tal scopo, il nemico si frammentò in gruppi di cinquanta uomini. Ma ovunque apparvero i sovietici, gli uomini del *I./SS-Inf.Rgt.10* e quelli del *Kampfgruppe* orientale del *III.Btl.*, gli sbarrarono la strada con il fuoco concentrato delle loro armi. Poco alla volta, i sovietici iniziarono ad arrendersi: nei brevi momenti di pausa nei combattimenti, si udì spesso la parola 'Sdajuss, sdajuss' (mi arrendo, mi arrendo). Al mattino del 15 agosto, il *II./SS-Inf.Rgt.10* ed il grosso del *III./SS-Inf.Rgt.10*, giunsero sulle ultime posizioni occupate dai sovietici, trovando sul terreno numerosi cadaveri, tra i quali quelli di alcuni ufficiali, del commissario e dei tre ufficiali politici. Dalle testimonianze dei prigionieri, i tedeschi appresero che quando questi ufficiali furono uccisi, la forza di resistere dei sovietici svanì di colpo. Per il resto della giornata, i reparti SS furono impegnati a rastrellare la foresta e continuare a fare prigionieri.

Note

[1] Robert Kistler, nato il 9 novembre 1899 a Regensburg, SS-Nr. 1 895. Aveva servito in precedenza al comando della *1./Sta. 'Deutschland'* (1936) e del *I./Sta. 'Der Führer'* (1939).

[2] Horst Strathmann, nato il 17 maggio 1899 a Bad Essen, SS-Nr. 25 885. In precedenza aveva servito nella *5./Sta. 'Germania'*.

[3] Kurt Kummer, nato l'11 novembre 1900 a Koelleda, SS-Nr. 24 883. Era stato al comando della *5./Sta. 'Germania'* e del *II./Tot.Inf.Rgt.2* .

[4] A.Marini, "*Del Caucaso a Leningrado*", Niseos, pagine 49-57. Riguardo a Poul Ranzow Engelhardt, non si hanno molte informazioni. Ufficiale nell'esercito danese, volontario in Finlandia nel 1939, entrò nelle SS nel 1941. Dopo aver frequentato la *SS-Junkerschule* di Bad Tölz, servì come ufficiale osservatore con la *1.SS-Infanterie-Brigade(mot.)*. In seguito servì nella *Wiking* e nel *III.SS-Pz.Korps*.

[5] Nei documenti ufficiali circa l'elenco dei caduti della Brigata nella giornata del 14 agosto 1941, nella zona di Uschomir, sono riportati i seguenti nominativi: l'*SS-Ustuf*. Willi Kaiser della *11./SS-Inf.Rgt.10*, l'*SS-Ustuf*. Hans Eppinger e l'*SS-Ustuf*. Rudolf Hiemann della *10./SS-Inf.Rgt.10* e l'*SS-Hstuf*. Willy Schulz, comandante della *11./SS-Inf.Rgt.10*.

SS-Staf. **Heimo Hierthes.**

Nuove operazioni

A partire dal 17 agosto, i due reggimenti della Brigata SS continuarono ad essere impegnati in rastrellamenti per difendere le linee di rifornimento tedesche dagli attacchi nemici e ad assicurare il controllo del terreno conquistato. Il 19 agosto, l'*SS-Inf.Rgt.8* fu duramente impegnato nell'area di Bialokurowicze, dove subì un pesante bombardamento da parte dell'artiglieria sovietica per ben dodici ore. Nella serata, i sovietici, padroni del terreno a nord e a nord-ovest della località, si lanciarono all'attacco. Nel corso dei violenti combattimenti corpo a corpo che seguirono, l'*SS-Staf.* Sachs, comandante dell'*SS-Inf.Rgt.8*, rimase gravemente ferito al ventre, in seguito ad un colpo di baionetta nemico. Fu trasferito all'ospedale di Zwiahel, dove morì il 27 agosto. Fu rimpiazzato alla guida del reggimento dall'*SS-Staf.* Heimo Hierthes[1].

Rapporto operativo della Brigata, relativo al periodo 17-20 agosto 1941

1) *Incarico generale assegnato alla Brigata*:

a) impedire che bande nemiche minaccino la linea dei rifornimenti Nord nella zona Sokolow-Krajewtschina-Bielka-Zwiahel;

b) rastrellamento nella zona indicata di reparti nemici dispersi e di bande irregolari;

c) rigoroso controllo della linea di rifornimento Zwiahel-Korosten;

d) difesa del fianco sinistro del *XVII.Armee-Korps*

2) *Incarico assegnato all'SS-Inf.Rgt.8*:

a) difesa del fianco sinistro del *XVII.Armee-Korps* nella regione di Rudnia Zlotina, Bialokurowicze, Miakolowicze, Osowka, Emilczyn;

Due partigiani catturati nel corso di un rastrellamento, 1941.

b) impedire l'infiltrazione in questa zona di reparti dispersi e di bande irregolari che possano minacciare la linea dei rifornimenti Nord;

c) effettuare ricognizioni in direzione nord e nord-ovest; mantenere la linea generale dello schieramento; respingere le pattuglie nemiche.

17 agosto 1941: durante l'intera giornata, intenso bombardamento di artiglierie nemiche di medio calibro, dislocate 2,5 chilometri a nord della zona Krassnaja-Wolka, contro la strada Bialokurowicze-Korosten. Un attacco nemico è stato respinto dalla *9.Kp.*, dislocata a difesa dell'ala destra dello schieramento. Due feriti. Una pattuglia diretta verso Topiljna ha incontrato una forte reazione del nemico (fuoco di mitragliatrici leggere e pesanti). Due feriti. Perdite del nemico: 7 prigionieri.

18 agosto 1941: rafforzate le difese intorno al ponte sulla Diwlinka. Deboli forze sovietiche hanno tentato di attaccare la posizione di Mala-Diwin. Il fuoco dell'artiglieria nemica si è concentrato sul ponte a est di Bialokurowicze e sulla caserma a nord di questa località.

Assalto di un reparto di fanteria sovietico ad un villaggio in mano ai tedeschi.

Feldgendarmi SS durante l'esecuzione di alcuni civili sospettati di essere partigiani.

Soldati SS su una posizione difensiva con una *MG-34*.

Nel settore del *I.* e del *II.Bataillon* si segnalano nuovi attacchi nemici contro il ponte, provenienti da nord e da nord-ovest. Questi attacchi sono stati respinti. Successivamente il nemico ha occupato la caserma di Bialokurowicze e allestito postazioni di artiglieria nella zona della stessa caserma. Verso sera, attacchi nemici, preceduti dal fuoco di artiglieria concentrato sulla stazione, a sud della caserma, sono stati respinti. Alle ore 21:00 le nostre unità hanno respinto un violento attacco nemico da nord e da nord-ovest. Perdite subite: due caduti, due feriti. Nuovi deboli attacchi nemici contro Bialokurowicze nel corso della notte. Dalle 23:00 alle ore 3:00 del 19 agosto 1941, intenso fuoco di artiglieria nemica. Per rinforzare le unità impegnate in combattimento a Bialokurowicze, la *10.* e la *12.Kompanie* vengono portate in linea, mentre la compagnia distaccata a Mala-Diwin in difesa dell'ala destra, viene aggregata durante la notte al *I.Bataillon*.

Una *MG-34* su treppiede *Lafette 34*.

Partigiani attaccano un villaggio.

19 agosto 1941: il fuoco di artiglieria contro le nostre posizioni a Bialokurowicze si è intensificato nella mattinata. Approfittando della foschia, nelle prime ore del mattino, il nemico è riuscito ad avanzare con due battaglioni fino alla nostra prima linea. Nel corso di violenti combattimenti alla baionetta, il comandante dell'*SS-Inf.Rgt.8*, l'*SS-Staf.* Sachs, ha riportato gravi ferite. Ulteriori perdite: un caduto, 7 feriti, tra i quali l'*SS-Hstuf.* Denecke[2]. Un nostro contrattacco ha successivamente respinto il nemico sulle posizioni di partenza. Successi conseguiti: novantuno prigionieri. Bottino: trentadue mitragliatrici pesanti, sedici mitragliatrici leggere e una grande quantità di altro materiale. Nella serata del 19 agosto, il reggimento controllava pienamente la situazione.

.....

3) *Incarico assegnato all'SS-Inf.Rgt.10*:

a) difesa della linea dei rifornimenti Nord nella zona Skolow-Krajewtschina-Bielka-Zwiahel;

b) rastrellamento nella zona suddetta di bande e reparti dispersi;

c) protezione della linea dei rifornimenti Zwiahel-Korosten.

17 agosto 1941: il reggimento si stabilisce nella zona a nord della linea dei rifornimenti Nord, tra Zithomir e Zwiahel.

18 agosto 1941: il *II.Bataillon* inizia dalle prime ore del mattino un'azione nella zona di Barasze-Werby. Le rimanenti unità del reggimento sono impegnate nella manutenzione delle armi, degli autoveicoli e degli attrezzi e in altre attività ordinarie. Alle 17:30, il comandante della Brigata SS consegna alcuni Croci di Ferro a uomini dell'unità.

19 agosto 1941: l'azione intrapresa nella zona di Werby, si sviluppa senza risultati positivi. Il *II.Bataillon* prende posizione nella zona di Fedorowka, nel settore del reggimento. Le operazioni di rastrellamento prescritte sono state concluse. Fucilazione di un ebreo trovato a Sokolow, che era in collegamento con funzionari comunisti sovietici.

20 agosto 1941: difesa della linea dei rifornimenti Nord. La *9.Kp.* rinforzata, è stata inviata contro un reparto nemico disperso nella zona di Kol.Dobry-Kut.

Sovietici catturati dopo un rastrellamento tra le foreste.

Esecuzione di civili da parte di reparti tedeschi, 1941.

Una banda partigiana attacca un villaggio.

Ancora scontri con il nemico

Mancando di armi pesanti in appoggio, fu richiesta al *Kommandostab 'RF*-SS' di fornire alla Brigata SS una batteria di obici, cosa che avvenne il 21 agosto. I reparti SS continuarono ad assicurare il fianco sinistro del *XVII.Armee-Korps*, lungo la linea Luginy-Bialokurowicze-Emilczyn. In particolare si dovevano impedire le penetrazioni delle bande partigiane verso sud e sud-est. Il 22 agosto, nella zona di Topilnja, una pattuglia in esplorazione dell'*SS-Inf.Rgt.8* si scontrò con una banda partigiana: alla fine dei combattimenti furono catturati almeno trenta prigionieri. Il 23 agosto, dopo aver respinto altri attacchi nemici, la Brigata raggiunse il settore di Stepanowka, situato a dodici chilometri a est di Emilczyn. Il giorno dopo, il suo Stato Maggiore si trasferì a Korosten. Sempre nella giornata del 24 agosto, pattuglie dell'*SS-Inf.Rgt.10*, in ricognizione verso nord e nord-est, fecero un centinaio di prigionieri.

Il 26 agosto, gli elementi combattenti della Brigata, dopo aver eseguito una nuova serie di rastrellamenti, si stabilirono sulla linea Michailowka, Rudnya, Cygranka, Stepanowka e Zerew. Il 28, proseguirono i loro rastrellamenti in direzione di Ignatopol e di Uschowo, dove furono coinvolti in nuove esecuzioni di civili ebrei nel settore. Il giorno dopo, i reparti SS furono impegnati a perlustrare i villaggi di Owrutsch, Norinsk, Weleniki, Listwin, Kuliki e Rudnja Czernowka. Il 30 agosto l'*SS-Inf.Rgt.10* rimase in posizione lungo la linea Owrutsch-Norinsk-Weleniki, mentre l'*SS-Inf.Rgt.8* si portò sulla linea Weleniki-Listwin-Kuliki-Rudnia Kowanka. A partire dalle 6:00 del 31 agosto, i due reggimenti ripresero i rastrellamenti in direzione nord. Il 1° settembre, la Brigata fu ribattezzata come *1.SS.Inf.Brigade (mot.)*. Due giorni più tardi, l'unità fu trasferita nel settore compreso tra le località di Schmurnoje, Locknicka, Rudnja e Tartak. Nel pomeriggio del 3 settembre, il *I./SS-Inf.Rgt.10* fu impegnato contro delle unità sovietiche nell'area di Leltschizy: circa 200-300 uomini, con una mitragliatrice pesante e quattro leggere. I reparti SS attaccarono senza successo le posizioni nemiche, lamentando perdite moderate: l'attacco contro le unità nemiche segnalate a Leltschizy fu lanciato con molto ritardo a causa della distruzione del ponte sul fiume Uborc. Quando i reparti SS giunsero finalmente nel villaggio, dopo la costruzione di un ponte di fortuna, il nemico si era già dileguato.

Partigiani impegnati a minare un ponte.

Partigiani catturati durante un rastrellamento.

Reparti SS durante una marcia di trasferimento.

Fu quindi il *II./SS-Inf.Rgt.8* che andò ad occupare la posizione di Leltschizy. Durante l'occupazione del villaggio fu recuperato il seguente materiale: 90 fucili, 1 mitragliatrice leggera, 15 bombe a mano e 2.115 cartucce. Il 5 settembre, la Brigata raggiunse la linea Owrutsch-Slawetschno. Il bilancio delle operazioni di rastrellamento a nord della strada Korosten- Bialokurowicze, dal 26 agosto al 4 settembre, fu il seguente: 296 ebrei e partigiani giustiziati, 216 prigionieri catturati, due cannoni e 41 fucili recuperati al nemico. Le perdite della Brigata furono di due caduti e cinque feriti. La Brigata continuò i suoi rastrellamenti ad est della strada Zhitomir-Owrutsch, con nuovi saccheggi ed esecuzioni sommarie. La strada Owrutsch-Tschernobyl, fu mantenuta libera e furono allontanate tutte le minacce per i rifornimenti della *6.Armee*. Il 14 settembre, la Brigata giunse a Gaisson, città situata ad ovest di Uman, passando per Zithomir e Berditschew. Qualche giorno dopo, fu trasferita nell'area di Kirowo, dove i reparti SS giunsero tra il 17 ed il 18 settembre. Il 20 giunse l'ordine di trasferimento verso il settore di Kriwoj-Rog, dove l'unità ricevette l'ordine di proteggere la strada Uman-Kirowgrad-Dniepropetrowsk.

Settore operativo della Brigata nell'autunno del 1941.

Soldati tedeschi, autunno 1941.

Autunno 1941: un *sidecar* della Brigata SS, attraversa un villaggio. Notare l'insegna dell'unità dipinta sul veicolo.

Degli elementi dell'*SS-Inf.Rgt.10* furono invece trasferiti nell'area di Nikopol, per nuove operazioni di sicurezza. Arrivata sul fiume Dnepr, la Brigata richiese l'appoggio di alcune batterie *Flak*, poiché in quell'area l'attività aerea dei sovietici era molto intensa. A partire dal 25 settembre, ai reparti SS fu ordinato di proteggere le fabbriche e le miniere di manganese di Chokolow e Mariewka e nell'adempiere a questa missione, si verificarono anche scontri con alcune unità isolate nemiche. Il 27, l'unità si batté contro dei partigiani e delle unità sovietiche sulle isole del Dnepr, che dovevano essere ripulite per permettere la prosecuzione della grande offensiva tedesca ad est del fiume. In questi ultimi scontri, la Brigata lamentò solo un ferito e catturò 45 prigionieri.

Esploratori motociclisti della Brigata in un villaggio.

Veicoli della Brigata SS, alle prese con le terribili condizioni delle strade russe, autunno 1941.

Il giorno dopo, i sovietici attaccarono le posizioni della Brigata a Kamenka, ma furono respinti, lasciando una ventina di caduti sul terreno. Il 29, l'*SS-Inf.Rgt.10* progredì tra Mariewka e Tarasowka, fino al corso principale del Dnepr: il settore era libero dal nemico. Nello stesso tempo fu stabilito il collegamento con il IV° Corpo rumeno. Il giorno dopo, la Brigata fu impegnata al fianco della *Leibstandarte* nel respingere numerosi attacchi sovietici a sud del fiume. Il 1° ottobre, il suo settore di sorveglianza fu esteso fino alla zona a sud di Zaporozhje. Nei giorni successivi, i reparti furono impegnati ad opporsi ai tentativi di passaggio del Dnepr da parte delle truppe nemiche, nel continuare a ripulire le isole occupate dai partigiani ed effettuare delle operazioni di sminamento. Il 6 ottobre, la Brigata lanciò un attacco su vasta scala che permise di catturare 141 prigionieri e una grande quantità di armi.

Impiego nel settore di Konotop

Il 9 ottobre 1941, giunse l'ordine di trasferimento nel settore di Konotop, ad ovest di Kursk: la Brigata si mise in marcia il giorno dopo, sotto la pioggia, su strade trasformate in enormi pantani. Dopo molti sforzi, i reparti giunsero fino a Bogdano e Kadeschdowsko e solo l'11, giunsero a Gradischsk. Il *III./SS-Inf.Rgt.8*, lasciato indietro sul Dnepr, fu rilevato dall'*Inf.Rgt.360*, iniziando una marcia spossante verso nord. Il 12 ottobre, la Brigata rimase completamente bloccata: la maggior parte dei suoi veicoli era in panne e soprattutto non era più arrivato alcun rifornimento di carburante. In quella stessa giornata, cadde in combattimento l'*SS-Ostuf*. Hans Strickstrock[3], comandante della *1./SS-Inf.Rgt.8*, nell'area di Kriwoj Rog.

L'*SS-Feldlazarett* della Brigata a Konotop, autunno 1941.

La marcia dei reparti SS riprese solo il 15 ottobre, con l'aiuto di alcuni trattori della *Wehrmacht* e grazie al miglioramento delle condizioni atmosferiche. Dopo undici ore di marcia estenuante, la Brigata giunse infine a Chorel. Il 17, era a Loschwiza, il 19 a Romny ed il 24 ottobre giunse infine a Konotop, in particolare il *Brigade Stab* e l'*SS-Inf.Rgt.10*. L'*SS-Inf.Rgt.8* si trovava infatti ancora più a sud-ovest. In questo periodo, un plotone della *SS-Wehrgeologen-Kompanie*, con 76 uomini, fu aggregato alla Brigata. Il giorno dopo, l'*SS-Inf.Rgt.8* e la colonna rifornimenti, giunsero a Konotop, dopo una marcia di quindici giorni. Il 27, tutta la Brigata andò ad occupare il settore Romny-Moropolje-Bislino-Swewerks. Il 1° novembre, i reparti furono così dislocati: l'*SS-Inf.Rgt.8* a Krowolez, lo *Stab SS-Inf.Rgt.10* a Chostka e il *I./SS-Inf.Rgt.10* a Woronesch (Voronezh). Il *II./SS-Inf.Rgt.10* si diresse invece su Jampol ed il *III./SS-Inf.Rgt.10* verso Nowgorod e Sewarsk. La Brigata continuò a essere impegnata in operazioni di rastrellamento. Nel corso dei giorni seguenti, la Brigata SS fu

Una banda partigiana marcia attraverso le paludi.

impegnata contro alcune bande partigiane a Siressa, a sud di Jampol, a Kutwitschi, a Putisol e a sud di Chuwawka. Il 6 novembre, fu rilevata da elementi dell'esercito alfine di assicurare il controllo del settore Rakilinoje-Grusokoje-Koljadicka-Litwinowitschi.

Scontro a fuoco tra elementi partigiani e reparti tedeschi

Colonna rifornimenti tedesca in Russia, autunno 1941.

Fucilazione di civili e sospetti partigiani sul fronte dell'Est.

Rapporto operativo della Brigata, relativo al periodo 31 ottobre-7 novembre 1941

Situazione generale: la Brigata ha continuato a svolgere nella zona di Konotop, l'incarico di protezione, rastrellamento e pacificazione ordinati il 24 ottobre dall'*HSSuPF 'Russland Mitte'* (l'*SS-Ogruf*. Erich von dem Bach-Zelewski, ndt). In linea generale, risulta confermato il quadro dell'ultimo rapporto: notevole attività di sabotaggio da parte di soldati russi dispersi e di gruppi di partigiani, con frequenti scontri a fuoco. Il 6 novembre 1941, l'*HSSuPF 'Russland Mitte'* ha comunicato che, secondo dichiarazioni di alcuni prigionieri, tutti i gruppi partigiani stanno preparando azioni in occasione dell'anniversario della rivoluzione russa (7 novembre). Pertanto a tutte le unità della Brigata, è stato impartito l'ordine di rafforzare subito le misure di sicurezza.

Settore di rastrellamento assegnato all'SS-Inf.Rgt.8

31 ottobre 1941: durante le operazioni di rastrellamento nella zona di Duchanowka, sono stati passati per le armi, 9 funzionari bolsceviche e 4 partigiani. Sono stati inoltre catturati 6 prigionieri, 2 mitragliatrici pesanti, 1 mitragliatrice leggera, 35 fucili e 5 casse di cartucce. In una comunicazione telefonica da Genchow, l'ufficiale di un *kommando* avanzato dell'*SS-Inf.Rgt.8*, l'*SS-Ustuf*. Eckmayr[4], ha tracciato un quadro particolareggiato della situazione nel settore Putiwl-Gluchow.

Reparti e veicoli della Brigata SS in lotta con il fango.

Reparti SS in marcia, autunno 1941.

Partigiani catturati, scortati verso le retrovie.

1) Nelle zone boscose a sud-ovest e a sud-est di Putiwl si troverebbero forti gruppi di partigiani, che nel mese di ottobre avrebbero distrutto con cariche esplosive due mezzi bindati dell'esercito e ucciso nove soldati tedeschi.

2) A nord di Putiwl, nella zona di Wiktorowo, si troverebbe acquartierata, in parte anche in caverne sotterranee, una centrale di partigiani. Gli abitanti di Wiktorowo sarebbero stati costretti a collaborare nella costruzione dei rifugi. Capo della centrale sarebbe l'ex commissario politico del distretto di Gluchow.

3) Nei boschi intorno a Gluchow si segnala una attività particolarmente intensa di partigiani. Sembra che in questa zona i comandi sovietici, prima di ritirarsi, abbiano preceduto all'arruolamento solo di una parte degli uomini idonei, poiché gli altri si erano già volontariamente arruolati nelle bande partigiane. La cosa appare confermata da tutta una serie di gravi sabotaggi.

1° novembre 1941: abitanti della zona segnalano partigiani nel settore di Bassowka e Grigorowka. Alcune pattuglie immediatamente inviate in ricognizione con l'incarico di effettuare controlli stradali, catturano 32 partigiani che vengono fucilati in quella stessa giornata. Catturati sei fucili.

2 novembre 1941: fucilazione di sette partigiani.

3 novembre 1941: il *I./SS-Inf.Rgt.8* comunica che nella zona di Putiwl, gruppi di partigiani tentano di minare le strade e di distruggere i ponti. Nel corso di controlli sulla strada Charushewka-Terny, due persone sospette sono tratte in arresto. Durante un rastrellamento della località di Worgoff, il *II./SS-Inf.Rgt.8* ha incontrato una forte resistenza nemica e in diversi punti si sono verificati scontri a fuoco: sei soldati nemici, tra cui due ufficiali, vengono abbattuti a Worgoff; tre individui a cavallo, con uniformi sovietiche, rimangono uccisi all'uscita nord della località. Il successo conseguito dall'*SS-Scharführer* Bauer della *5./SS-Inf.Rgt.8*, merita di essere menzionato. Durante il rastrellamento, il sottufficiale butta giù la porta di una casa che gli sembra sospetta, alla ricerca di armi, e in un angolo scopre subito un fucile. Inoltrandosi nell'abitazione, si trova improvvisamente di fronte due ufficiali sovietici che gli puntano contro le pistole.

Soldati tedeschi durante l'attacco ad un villaggio russo.

Soldati della *Waffen SS*.

Un *SS-Hstuf.* impegnato a interrogare prigionieri sovietici.

Ma prima che partano i colpi, Bauer riesce a strappare a uno dei due la rivoltella e a gettarla in strada attraverso la porta; l'altro ufficiale viene disarmato da un soldato SS che sopraggiunge proprio in quel momento. Poi, mentre l'*SS-Scharführer* Bauer ed il soldato sono impegnati a perquisire gli ufficiali, si sentono fucilate che provengono dalla strada e alcune delle quali colpiscono i muri a poca distanza dai nostri. Ritenendo di dover affrontare una più forte resistenza nemica, l'*SS-Scharführer* Bauer elimina immediatamente i due ufficiali per impedirne la fuga. Successivamente, nella perquisizione delle tasche di uno degli ufficiali, viene trovata, oltre alla carta d'identità militare con fotografia, una serie di importanti documenti, che il 5 novembre sono stati consegnati all'*HSSuPF 'Russland Mitte'*, attraverso il comando dell'*SS-Inf.Rgt.8*. Dal rapporto della brigata risulta che uno degli ufficiali era un capitano, comandante di un reparto della 228ª divisione di fanteria. Tra il materiale trovato anche una lettera indirizzata a Stalin, in cui l'ufficiale descrive le sue esperienze nei territori occupati dalle truppe tedesche e avanza la proposta di creare una 'armata del popolo' che doveva agire alle spalle dell'esercito tedesco. Come risultato complessivo di questa giornata, l'*SS-Inf.Rgt.8* riporta che cinquanta partigiani sono stati abbattuti e 18 soldati sovietici sono rimasti uccisi nel corso degli scontri a fuoco.

Reparto tedesco durante un rastrellamento, 1941.

Prigionieri sovietici catturati.

Elementi di uno *Schuma-Bataillon*, autunno 1941.

4 novembre 1941: secondo le segnalazioni di abitanti della zona di Worgoff, soldati sovietici dispersi e gruppi partigiani si sono rifugiati nei boschi a sud di questa località. Il *III./SS-Inf.Rgt.8* comunica che un plotone si è scontrato con quattro partigiani armati, che saccheggiavano e depredavano bestiame nella zona di Romanenki; il nostro reparto ha distrutto la squadra nemica senza riportare alcuna perdita. Il reggimento annuncia come risultato complessivo della giornata, l'uccisione di cinque saccheggiatori bolscevichi, la cattura di ventuno fucili e altro materiale vario.

5 novembre 1941: da una ricognizione effettuata dall'*SS-Inf.Rgt.8* nella zona di Putiwl, risulta che il terreno è infestato di mine. Si segnala inoltre un'intensa attività di partigiani. Nel settore del *II./SS-Inf.Rgt.8*, tre partigiani sono stati abbattuti durante un rastrellamento nella località di Litwinowtschi. Nell'azione è rimasto leggermente ferito un soldato dell'*SS-Inf.Rgt.8*…

Motociclisti della Brigata SS in un villaggio.

Come risultato complessivo della giornata, l'*SS-Inf.Rgt.8* annuncia l'uccisione dei tre partigiani sopracitati e di altri cinque combattenti irregolari. Bottino: quattro mitragliatrici leggere, due pistole mitragliatrici, ventisette carabine e trentatré fucili da caccia.

Settore di rastrellamento assegnato all'SS-Inf.Rgt.10

A causa delle cattive condizioni delle strade, l'*SS-Inf.Rgt.10* avanza assai lentamente e nei giorni 31 ottobre e 1 novembre si trova ancora in fase di spostamento verso i settori assegnati….

Un veicolo della Brigata bloccato dal fango, 1941.

2 novembre 1941: il reggimento segnala che la strada Jampol-Swessa è infestata di mine.

3 novembre 1941: in base ad una segnalazione trasmessa da un reparto dell'esercito, secondo la quale piccoli gruppi di partigiani si troverebbero a sud di Shurawka, agli ordini di un maggiore e di un commissario politico, il comando del reggimento ordina per il giorno 4 novembre una ricognizione nella zona suddetta. Come risultato della giornata il reggimento segnala l'uccisione di un partigiano e la cattura di un altro partigiano che è probabilmente un ufficiale. Dieci disertori dell'armata sovietica di Timoschenko sono finiti nelle

Partigiani sovietici durante un attacco, 1941.

nostre mani. Bottino: duecento cartucce, numerosi proiettili traccianti, quarantaquattro bombe a mano, sei cannoni da 85mm, trenta bottiglie di liquido infiammabile.

4 novembre 1941: dalla ricognizione effettuata conformemente all'ordine del 3 novembre 1941, risulta che partigiani si aggirano nella zona di Swessa e nei dintorni di Dubowitschi. Nei pressi di quest'ultima località, due partigiani sono stati abbattuti mentre tentavano la fuga. Nella zona di Swessa le pattuglie in ricognizione hanno catturato quindici partigiani e un amministratore di *kolkhoz*, che aveva consegnato ai sovietici dei soldati tedeschi.

Fuciliere SS, impegnato in combattimento.

Un gruppo di partigiani catturati, autunno 1941.

Il reggimento segnala inoltre che il giorno 2 novembre, sono stati abbattuti nella zona di Beresa, in un tentativo di fuga, dieci partigiani, sorpresi mentre uscivano dal bosco...

5 novembre 1941: il reggimento comunica la fucilazione di diciassette partigiani catturati il giorno precedente.

6 novembre 1941: nella zona a sud di Jampol, l'*SS-Inf.Rgt.10* ha catturato venti partigiani che, dopo gli interrogatori, sono stati fucilati. Nel bosco a sud-est di Gremjatschka, dodici partigiani sono stati abbattuti mentre tentavano la fuga. In un tentativo di evasione dal campo di prigionia a sud di Shurawka, dodici prigionieri hanno perso la vita.

Rapporto operativo della Brigata, 7 - 14 novembre 1941

Situazione generale: ...le unità hanno occupato in gran parte nuove basi di partenza per il rastrellamento e la pacificazione di nuovi settori. In generale si può dire che l'attività dei partigiani si è notevolmente intensificata. Nei settori di entrambi i reggimenti, bande di irregolari hanno più volte attaccato con armi automatiche nostri posti di controllo.

a) Settore di rastrellamento assegnato all'SS-Inf.Rgt.8

7 novembre 1941: da una ricognizione lungo la linea ferroviaria Konotop-Altynowka risulta non solo che il ponte sul fiume Seim, a est di Selny, è stato fatto saltare, ma che a nord di questa località la linea è stata interrotta in più punti con cariche esplosive. Il riassetto della linea richiederebbe la posa di 5-6 chilometri di nuovi binari. Durante un controllo stradale, i soldati del *II./SS-Inf.Rgt.8* hanno catturato e giustiziato quattro partigiani e quattro mongoli. Come ulteriore risultato della giornata, l'*SS-Inf.Rgt.8* segnala il seguente bottino: una mitragliatrice pesante, 56 fucili di ordinanza e cinquanta fucili da caccia.

Partigiano sovietico durante un attacco.

8 novembre 1941: durante il rastrellamento della località di Gaiworon, la *14./SS-Inf.Rgt.8*, ha catturato e giustiziato 41 partigiani e 5 mongoli. In questa stessa giornata il *II./SS-Inf.Rgt.8* segnala l'uccisione di 3 partigiani e la cattura di 14 soldati a Krolowez.

9 novembre 1941: nella notte tra l'8 e il 9 novembre, un gruppo di circa quaranta partigiani ha attaccato con scariche di fucile e raffiche di mitragliatrice, la stazione di Krolowez, dove si trova un deposito carburante. Le sentinelle hanno risposto al fuoco respingendo gli aggressori, che sono fuggiti. Non si registrano danni agli impianti militari né perdite di uomini. Durante un controllo stradale nel tratto Smeloje-Shilowka, 24 persone che non hanno potuto dimostrare la loro identità e dare una giustificazione plausibile del loro vagabondaggio, sono state tratte in arresto e giustiziate. Nel quadro del rastrellamento della zona di Baturin, la *13./SS-Inf.Rgt.8*, ha fucilato 29 funzionari bolscevichi. L'*SS-Inf.Rgt.8* segnala come ulteriore risultato della giornata il seguente bottino: 2 mitragliatrici pesanti, 4 mitragliatrici leggere, 8 fucili, un lanciagranate e 20 fucili da caccia.

10 novembre 1941: una ricognizione su Andrejewka ha portato alla cattura di sette partigiani, principali responsabili dell'azione condotta nella notte del 9 novembre contro la stazione di Krolowez. Secondo segnalazioni degli abitanti della zona, un gruppo di partigiani a cavallo, si troverebbe nel bosco di Guty e compierebbe azioni di disturbo. Il *I./SS-Inf.Rgt.8*, riceve l'ordine di effettuare una ricognizione nella zona in questione.

Un reparto tedesco in marcia, 1941.

11 novembre 1941: gli abitanti del villaggio di Worgoff segnalano che il sindaco ucraino insediato dal *I./SS-Inf.Rgt.8*, è stato aggredito e catturato sulla strada per Putiwl da un gruppo di partigiani...Nel suo settore di rastrellamento, l'*SS-Inf.Rgt.8* ha recuperato una notevole quantità di armi, munizioni e materiale vario...Date le quantità relativamente grandi di armi e munizioni, che ancora si trovano sparse nella zona, i partigiani possono armarsi facilmente e completare le loro scorte. Per questo motivo, il recupero di armi e munizioni costituisce un successo nella lotta antipartigiana.

Graduati SS controllano i documenti di civili sospettati di attività partigiana, autunno 1941.

Un gruppo di civili russi viene istruito da un soldato sovietico all'uso delle armi, autunno 1941.

Ausiliari russi, impegnati nella lotta alle bande partigiane al fianco delle forze armate tedesche.

12 novembre 1941: abitanti di fattorie a nord di Putiwl riferiscono che i margini dei boschi a nord-ovest della stessa Putiwl, in direzione di Worgoff, sono fortemente minati. Il *I./SS-Inf.Rgt.8* comunica che nel corso della giornata si sono udite forti detonazioni nella zona boscosa intorno a Worgoff. Per un rastrellamento sistematico di questo settore, evidentemente ancora infestato dalle bande partigiane, si ordina l'impiego di due compagnie per il 13 novembre. Il reggimento annuncia come risultato dei controlli stradali, eseguiti il 12 novembre e del rastrellamento di varie località, la fucilazione di sette uomini, tra partigiani e comunisti pericolosi.

13 novembre 1941: nel rapporto giornaliero dell'*SS-Inf.Rgt.8*, sui controlli stradali nel settore della *13.Kp.* e del *III.Bataillon*, si segnala la fucilazione di ventisette partigiani e il recupero di una mitragliatrice leggera, otto fucili, quindici bombe a mano, una cassa di materiale esplosivo, 125 chilogrammi di bombe.

14 novembre 1941: dal comunicato dell'*SS-Inf.Rgt.8* si rileva che non è ancora giunto il rapporto conclusivo sulle operazioni di rastrellamento iniziate il 13 novembre nella zona di Worgoff-Litwinowitschi. Alcune unità hanno incontrato una forte resistenza da parte del nemico che dispone addirittura di un mezzo blindato. Un *bunker* è stato preso d'assalto. Il nemico ha perduto due uomini. Un sottufficiale dell'*SS-Inf.Rgt.8* è rimasto ucciso. I partigiani hanno catturato un maggiore dell'esercito, comandante di un nostro reggimento di fanteria.

Un gruppo di donne partigiane, armate di fucili con baionetta.

Volontario ausiliario russo.

Reparto SS in agguato dietro una casa, durante l'attacco ad un villaggio russo sul fronte dell'Est, 1941.

b) Settore di rastrellamento assegnato all'SS-Inf.Rgt.10

7 novembre 1941: gli abitanti della zona segnalano una vivace attività di partigiani intorno alla località di Eszan. Una ricognizione immediatamente lanciata si conclude con la cattura e la fucilazione di sette partigiani. Durante il rastrellamento della zona di Makowo, le nostre unità arrestano 14 persone sospette, di cui nove sono fucilate per dimostrata attività partigiana. Fucilazione di un altro partigiano nella zona di Dubowitschi.

8 novembre 1941: 6 prigionieri sono abbattuti mentre tentano la fuga.

9 novembre 1941: nel corso di un controllo stradale, due persone senza fissa dimora, di cui si è potuta accertare l'attività partigiana, sono giustiziate sul posto.

Reparti tedeschi, appoggiati anche da alcuni veicoli blindati, impegnati in un rastrellamento, incendiano alcune case, novembre 1941.

Partigiano si accinge a lanciare una granata a mano.

Un gruppo di partigiani guidato da un ufficiale sovietico, si prepara per un'azione, 1941.

Soldati SS e dell'esercito, a bordo di camion, marciano attraverso le foreste durante un'operazione antipartigiana alla ricerca dei ribelli, autunno 1941.

10 novembre 1941: nella notte tra il 9 e il 10 novembre, un gruppo di partigiani attacca con armi automatiche un posto di guardia della linea ferroviaria nei pressi di Gruko. Dopo un violento scontro a fuoco, gli aggressori sono costretti a ritirarsi in direzione nord-est. Durante la stessa notte, a sud di Pigorowka, ignoti sabotatori incendiano un fienile. Si segnala contemporaneamente un attacco, senza dubbio concordato tra prigionieri e civili, contro i posti di guardia del campo di prigionia a sud di Shurawka. Le sentinelle sono state aggredite dall'esterno del campo con armi automatiche e dall'interno con scariche di rivoltella. Non si registrano perdite. Dopo un'inchiesta infruttuosa, 25 prigionieri sono fucilati a titolo di rappresaglia. Un altro prigioniero è abbattuto mentre tenta la fuga. Nel corso di un nuovo rastrellamento della località di Dubowitschi, 3 abitanti sono giustiziati quali detentori di armi e per dimostrata attività partigiana.

11 novembre 1941: abitanti della zona segnalano gruppi di partigiani nel settore di Nowgorod-Sewerskij-Jampol. Nella notte tra il 10 e l'11 novembre, tentativi di evasione in massa dal campo di prigionia a sud di Shurawka, costringono le sentinelle ad aprire il fuoco: 9 prigionieri perdono la vita durante la fuga, 17 sono abbattuti perché oppongono resistenza, 25 sono giustiziati come misura punitiva.

12 novembre 1941: nonostante le misure punitive adottate nel campo di prigionia a sud di Shurawka, si ripetono i tentativi di evasione in massa: quattro colpi di rivoltella vengono esplosi contro i posti di guardia. A titolo di punizione, cinquanta prigionieri sono passati per le armi...A nord di Dubowitschi, un soldato sovietico viene fucilato per dimostrata attività partigiana; la stessa sorte subisce un abitante della zona trovato in possesso di armi. Durante il rastrellamento della zona a est di Woronesch, diciassette persone sono tratte in arresto e una viene giustiziata per dimostrata attività partigiana...

13 novembre 1941: nella notte tra il 12 e il 13 novembre si sono ripetuti i tentativi di evasione dal campo di prigionia, a sud di Shurawka. Tre prigionieri sono stati uccisi mentre cercavano di fuggire, altri tredici perché opponevano resistenza. Nella zona di Makowo, si è proceduto all'arresto di sette persone e alla fucilazione di altre tre, per dimostrata attività partigiana. Un altro individuo, che indossava l'uniforme sotto l'abito civile e portava due bombe a mano, è stato ucciso mentre tentava la fuga.

Un gruppo di prigionieri sovietici in un campo di raccolta, 1941.   **Soldato tedesco, 1941.**

Con l'arrivo delle prime nevicate, i soldati tedeschi iniziarono ad utilizzare indumenti bianchi per mimetizzarsi durante i combattimenti, novembre 1941.

Rapporto operativo della Brigata, 14 - 21 novembre 1941

Continuano le operazioni di rastrellamento e di pacificazione del settore ampliato intorno a Konotop. Nella zona di Worgoff e Litwinowitschi, nostri reparti sono stati impegnati in un violento scontro a fuoco, contro un nemico agguerrito e ben trincerato in bunker e posizioni fortificate. Le difficoltà del terreno hanno impedito il totale annientamento delle forze nemiche. Più a sud, un nostro reparto ha occupato un bunker, con un rapido assalto: nell'azione si è distinto l'*SS-Scharführer* Korbl, che incurante dell'intenso fuoco nemico è riuscito a portarsi sotto la feritoia del *bunker* e a lanciare al suo interno una granata, uccidendo tutti gli occupanti. Un plotone impiegato in un rastrellamento nel settore dell'*SS-Inf.Rgt.8*, a circa dieci chilometri a nord-ovest di Romny, ha incontrato un forte reparto di partigiani. Il nemico, colto di sorpresa e assolutamente impreparato, è stato annientato nel corso di un breve combattimento: 17 partigiani sono rimasti sul terreno. Durante un altro rastrellamento nella zona di Dubowitschi e Krolewez, a est di Woronesh e a sud di Jampol, le nostre unità hanno tratto in arresto parecchi individui sospetti, che dopo gli interrogatori sono stati inviati davanti al plotone di esecuzione per essere giustiziati.

Novembre 1941, reparti tedeschi in marcia.

Soldati tedeschi, 1941.

Soldati tedeschi e prigionieri sovietici.

Da ripetute ricognizioni effettuate nella zona di Litwinowitschi risulta che nonostante i rastrellamenti e l'opera di pacificazione, gruppi di partigiani infestano nuovamente il territorio. Nel corso di nuovi rastrellamenti, le nostre unità hanno arrestato numerose persone sospette, di cui si è dimostrata l'attività partigiana e che sono state giustiziate. Pattuglie in ricognizione nella zona di Makowo, Jampol e a sud di Woronesch, hanno incontrato piccoli gruppi di partigiani e li hanno annientati dopo brevi scontri a fuoco.

Nella tarda serata del 15 novembre, partigiani hanno aperto il fuoco da distanza ravvicinata contro i nostri posti di guardia lungo la linea ferroviaria a nord-est di Shurawka. Dopo un breve combattimento, gli attaccanti sono stati respinti. Il 16 novembre, durante un rastrellamento notturno a sud-est di Makowo, nostre pattuglie hanno localizzato un gruppo di partigiani, annientandolo completamente....Il 17 novembre 1941, nella zona di Woronesh, sono stati catturati venti prigionieri. A Krowelez è stato catturato un maggiore della 189ª divisione di fanteria sovietica….Tra le ore 14:00 e le 15:00 del 18 novembre, lungo la strada da Woronesh a Gluchow, a nord-ovest di Bemljanki, partigiani hanno attaccato un autocarro ferendo in modo grave il secondo conducente. Un rastrellamento nella zona di Andrejewka-Swesa, a nord-ovest di Woronesh, ha portato alla cattura di venticinque irregolari…

Fucilazione di civili sospettati di essere dei partigiani.

Soldati tedeschi.

Postazione difensiva tedesca con una *MG-34*.

Il 20 novembre, l'attività partigiana è stata particolarmente intensa. Sulla strada Gluchow-Jampol, un gruppo di irregolari ha attaccato con mitragliatrici un nostro mezzo blindato, provocando la morte del primo e del secondo conducente; anche il veicolo ha subito gravi danni ed è stato saccheggiato. Gli aggressori hanno spogliato completamente i due soldati SS e si sono impadroniti dei loro indumenti. Un altro attacco di partigiani con uso di armi automatiche contro i nostri automezzi si è verificato ai margini della zona boscosa a nord-ovest di Semljanka. Dopo un violento scontro a fuoco, il nemico è stato respinto e costretto a cercare scampo nella fuga, benché numericamente superiore. Gli automezzi hanno riportato gravi danni e un conducente lievi ferite. Un interprete di compagnia, travestito con una uniforme sovietica, è riuscito a guadagnarsi la fiducia di un reparto di partigiani e a ottenere informazioni sul luogo di raduno della banda.

Messa in posizione di un pezzo *Flak*.

Nel corso dell'inverno, giunsero per la Brigata, i primi indumenti e qualche *Parkas*, per fronteggiare il terribile freddo russo (*Collezione Charles Trang*).

Assalto di reparti di fanteria e carri sovietici.

Successivamente, nostri reparti hanno circondato il luogo, annientando la banda fino all'ultimo uomo, nel corso di un breve combattimento. Notevole attività di partigiani anche nella zona a sud di Jampol e numerosi atti di sabotaggio ad est di Woronesh. Sono in corso dei rastrellamenti.

Trasferimento alla 2.*Armee*

Il 25 novembre, la Brigata SS ricevette di rinforzo la *14.(Fla)Kp./SS-Inf.Rgt.8* dell'*SS-Ostuf.* Konrad Reutzel e la *14.(Fla)Kp./SS-Inf.Rgt.10* dell'*SS-Ostuf.* Kurt Brock. Una di queste due compagnie *Flak* fu inviata ad assicurare la protezione dell'aeroporto di Konotop. Nel frattempo, la lotta contro le bande partigiane nell'area a sud di Briansk, proseguì fino all'inizio di dicembre. Il 4, la Brigata ricevette l'ordine di raggiungere il settore di Taganrog, per essere subordinata alla *Leibstandarte* e nell'occasione fu totalmente riequipaggiata con materiale tedesco. Ma, la situazione difficile in cui si trovava l'*Heeresgruppe Mitte*, portò alla revoca di quest'ordine. A partire dal 9 dicembre, la Brigata fu quindi aggregata alla 2.*Armee*: i sovietici erano riusciti ad aprire una breccia nelle difese tedesche ad est di Orel. I reparti SS si misero allora in marcia dall'area di Konotop in direzione di Kromny. Il 14 dicembre, l'*SS-Inf.Rgt.8* fu aggregato alla *56.Inf.Div.*, mentre l'*SS-Inf.Rgt.10* fu tenuto in riserva nell'area ad est di Orel. Al suo arrivo sul fronte centrale, la Brigata SS comprendeva 200 ufficiali, 800 sottufficiali, 4.950 soldati e 1.680 veicoli. Il 16 dicembre, i reparti SS si ritrovarono nel settore di Liwni. Il giorno dopo, la Brigata fu subordinata al *Gruppe 'Moser'* (*XLVIII.Armee-Korps*) per sostenere il suo contrattacco.

Un membro della Brigata SS armato di fucile, con uniforme invernale (*Collezione Charles Trang*).

Postazione difensiva tedesca, dicembre 1941.

Una squadra mitraglieri tedesca in combattimento.

Il 18 dicembre, il *II./SS-Inf.Rgt.10* dell'*SS-Stubaf.* Strathmann conquistò la posizione di Teljassin, mentre l'*SS-Inf.Rgt.8* fu costretto a porsi sulla difensiva nel settore di Ruski-Brod. Il 19, tutte le unità della Brigata furono impegnate in prima linea contro le forze regolari sovietiche: gli scontri più duri si verificarono a nord di Liwni. I reparti dell'*SS-Inf.Rgt.8* rimase circondati proprio nella stessa Liwni, ma riuscirono comunque a sganciarsi, dopo aver respinto tutti gli attacchi del nemico. Nello stesso tempo, i reparti del *II./SS-Inf.Rgt.10*, attaccarono e conquistarono la posizione di Teljashkije Wysselki. A quel punto, le linee difese dai reparti della Brigata SS si estendevano per circa quattordici chilometri, attraverso l'area di Ruski-Brod. Nel giorno di Natale, 25 dicembre 1941, i combattimenti si spostarono nell'area di Trudy: con una temperatura di meno quaranta gradi, i reparti sovietici lanciarono assalti su assalti contro le posizioni difese dai soldati SS, riuscendo ad effettuare solo alcune penetrazioni locali. Anche i pezzi *Flak* della Brigata furono impiegati contro la fanteria sovietica, per arginarne i furiosi assalti. Le perdite per la Brigata furono alla fine comunque elevate: andarono persi 8 cannoni e 101 soldati, tra caduti e feriti.

Il 27 dicembre, il comandante della Brigata, l'*SS-Brigdf.* Hermann, rimase ucciso a Malo Archangelsk, dove fu anche seppellito. Al comando della Brigata SS subentrò l'*SS-Oberführer* Wilhelm Hartenstein[5], proveniente dalla stato maggiore del *KdoStab 'RFSS'*. Nel frattempo, la *2.Armee* dovette ripiegare sulle sue posizioni di inverno, su una linea che andava dalla zona a nord di Zalegosch fino a Tim, passando per Trudki e

Droskowo. Alla fine dell'anno, la Brigata passò alle dipendenze del *LV.Armee-Korps*, continuando ad assumere atteggiamento difensivo. Verso la metà di gennaio del 1942, l'unità SS fu subordinata direttamente alla *3.Panzer-Division*, nel settore situato a nord-est di Kursk e poi in quello di Chtikry. Seguirono duri combattimenti difensivi a Malo Archangelsk, Bogoridizkoje, Droskowo e Chotetowo.

Febbraio 1942, comando dell'*SS-Inf.Rgt.10* a Tschernosowo. Il secondo da destra è l'*SS-Ostuf.* Ernst Schäfer, futuro decorato con la *Ritterkreuz* (*Archivio Vopersal*).

Febbraio 1942: l'*SS-Ostuf.* Emil Grill, l'*SS-Hstuf.* Kümmel e l'*SS-Ustuf.* Dieter Sülflohn a Drosowo, davanti al comando dell'*SS-Inf.Rgt.10* (*Vopersal*).

Nel corso del mese di marzo, la Brigata fu messa a disposizione dell'AOK 6 (*Oberkommando der 6. Armee*) a Bjelgorod, dove fu rimessa in piedi, dopo aver subito pesanti perdite durante i combattimenti difensivi nell'area di Kursk. Ad aprile, fu di nuovo aggregata al *LV.Armee-Korps*, nel settore Orel-Kursk, con il suo posto di comando a Nikolskoje. Il 15 aprile, la *1.SS-Wehrgeologen-Kp.* dell'*SS-Ostuf.* Diezemann, fu distaccata dalla Brigata per fare ritorno in seno all'*SS-Wehrgeologen-Bataillon* ad Amburgo.

57

Karl von Treuenfeld.

SS-Ogruf. von dem Bach-Zelewski.

Nuova offensiva d'estate

Nel corso del mese di maggio, l'offensiva sovietica nell'area di Kharkov (12-19 maggio), non interessò le posizioni della Brigata. Per contro, essa partecipò, a partire dal 28 giugno, all'operazione 'Blau', la grande offensiva d'estate dei tedeschi che doveva condurli fino a Stalingrado ed il Caucaso. Seguendo l'assalto delle truppe tedesche, la Brigata fu impegnata sul fianco destro della 2.Armee: attraversò le linee sovietiche a Cherechanj, a sud di Liwni, attraversando i fiumi Kschen e Olym, per poi attestarsi in posizione difensiva a nord-ovest di Voronezh. A partire dal 30 giugno, l'unità fu impegnata a respingere con successo un contrattacco portato da due brigate corazzate sovietiche. Dal 4 luglio 1942, il comando della brigata passò all'SS-Brigadeführer Karl von Treuenfeld[6]. Il 6 luglio, Voronezh cadde nelle mani della 4.Panzerarmee. Al LV.Armee-Korps (2.Armee), al quale la Brigata era sempre subordinata, fu ordinato di proteggere il fianco sinistro dell'offensiva tedesca. Tra il 9 e il 31 luglio, la Brigata SS partecipò a sporadici combattimenti tra le posizioni di Voronezh e Liwni. Il 14 luglio, l'unità fu ritirata dal fronte e trasferita nell'area di Voronezh, a Nischne-Weduga. Il 31 luglio, l'unità fu aggregata al VII.Armee-Korps, restando impegnata nello stesso settore. L'8 agosto, giunse l'ordine di raggiungere Borisov, nelle retrovie dell'Heeresgruppe Mitte, per riprendere la lotta contro i partigiani, particolarmente attivi nella regione ad ovest di Minsk. Fu quindi subordinata all'HSSüPF 'Ost' ed acquartierata in alcune caserme destinate alle truppe corazzate. In questo periodo, l'unità fu rinforzata con nuove reclute e nuovo armamento pesante. Il 14 settembre, il comando della Brigata riferì al Kommandostab 'RFSS', di aver incendiato i villaggi di Boborowicze e Tupcze, che servivano da rifugio per i partigiani. Nell'occasione furono fucilate almeno 800 persone. Più tardi, altri numerosi civili, sospettati di aver fornito appoggio ai partigiani, furono ugualmente giustiziati. Da parte dei reparti SS, si lamentò un solo caduto, l'SS-Ustuf. Natter[7] dell'SS-Inf.Rgt.8. Il 10 ottobre, la Brigata proseguì i suoi rastrellamenti a sud della strada Minsk-Borisov, nei settori Lida-Kossov e poi in quello di Beresino, alle dipendenze questa volta dell'HSSüPF 'Mitte', l'SS-Ogruf. Erich von dem Bach-Zelewski. A partire dall'11 ottobre, i reparti della Brigata furono trasferiti nell'area di Wydriza, dove parteciparono all'operazione 'Karlsbad', al fianco dell'SS-Sonderkommando

Dirlewanger, dello *Schuma-Bataillon 255* lituano ed elementi del I° battaglione della LVF (*Légion des Volontaires Français*, in quel periodo alle dipendenze della *286.Sich.-Division*).

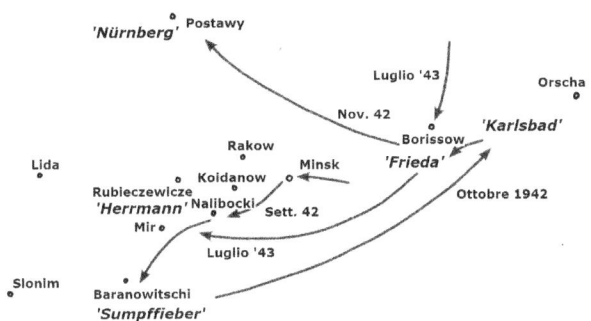

Operazioni della Brigata SS tra il 1942 e il 1943.

Partigiani catturati nel corso di un rastrellamento, interrogati dall'*SS-Hstuf*. Liebermann e dagli *SS-Ostuf*. Herweg e Neubert (*Archivio Wolfgang Vopersal*).

L'obiettivo dell'operazione consisteva nell'annientare una forte banda partigiana, comprendente circa seimila uomini, guidata da ufficiali sovietici. L'operazione si concluse con un completo successo, con più di un migliaio di partigiani e civili uccisi, mentre la Brigata SS lamentò da parte sua, ventiquattro caduti e sessantacinque feriti. Tra il 5 e il 9 novembre, la Brigata fu impegnata in una nuova operazione antipartigiana, denominata in codice '*Frieda*': ancora insieme ai reparti dell'*SS-Sonder Bataillon Dirlewanger*, la Brigata SS partecipò all'annientamento di una potente banda partigiana, posta agli ordini del generale sovietico Wiejerew, nelle foreste paludose a sud di Borisov (Borissow). Nel corso dell'azione, caratterizzata da violenti e sanguinosi scontri corpo a corpo, persero la vita alcune centinaia di partigiani, mentre la Brigata SS lamentò solo due caduti e una decina di dispersi.

Note

(1) Heimo Hierthes, nato il 25 luglio 1897 a Neuburg, SS-Nr. 282 042. In precedenza aveva servito al comando dell'*SS-Tot.Aufkl.-Abt. 'Totenkopf'* (1940), dell'*SS-Kav.Rgt.2* (1941) e dell'*SS-Inf.Rgt.4* (1941).

(2) Kurt Denecke, nato il 12 febbraio 1914 a Goslar, SS-Nr. 71 405. Ufficiale aggiunto in seno alla *10./SS-Inf.Rgt.8*.

(3) Hans Strickstrock, nato il 22 gennaio 1912 a Eyb, SS-Nr. 17 190.

(4) Alois Eckmayr, nato il 6 marzo 1910 a Gleink nella Stiria austriaca, SS-Nr. 43 807. In precedenza aveva servito nella *6./Sta. 'Deutschland'* (1935) e dopo la promozione a ufficiale era passato nell'*SS-Inf.Rgt.8*.

(5) Wilhelm Hartenstein, nato il 1° ottobre 1888 a Schleiz, SS-Nr. 269 028. Dal 1937, servì come istruttore presso le *SS-Junkerschule* di Braunschweig e di Bad Tölz, prima di essere trasferito nel 1941 al *Kommandostab Reichsführer-SS*.

(6) Karl von Treuenfeld, nato il 31 marzo 1885 a Flensburg, SS-Nr. 323 792. Servì in precedenza al comando dell'*SS-Nach.Abt. 'SS-VT'* e al comando della *1.SS-Inf.Brigade*.

(7) Ernst Natter, nato il 21 dicembre 1914 a Krumpendorf, SS-Nr. 309 069. Aveva servito in precedenza nella *6./SS-Inf.Rgt.8*.

Operazione Nürnberg

Kurt von Gottberg, a destra di von dem Bach, a Minsk.

Elementi di uno *Schutzmannschaft-Bataillon* bielorusso.

Dopo àver ricevuto qualche giorno di riposo, i reparti della *1.SS-Inf.Brigade*, nella seconda metà di novembre furono ancora impegnati contro le bande partigiane, in seno al *Kampfgruppe 'von Gottberg'*, formato principalmente da reggimenti di polizia, nel settore Glebokje-Scharkowschtschina. Il *Kampfgruppe* era agli ordini dell'*SS-Brigdf.* Curt von Gottberg e comprendeva l'*SS-Polizei Regiment 14*, due *Schuma-Bataillons* e reparti della gendarmeria. In particolare, tra il 19 e il 25 novembre, si svolse l'operazione *Nürnberg*, nell'area tra Gleboki e Wilna e portò all'uccisione di quasi tremila partigiani e alla liberazione di numerosi prigionieri tedeschi caduti in mano nemica.

Rapporto sull'operazione 'Nürnberg', 22 - 26 novembre 1942

A) Situazione del nemico

Nel territorio boscoso a nord di Postawy[1], sono stati segnalati tre grossi accampamenti di bande partigiane, ciascuna composta da circa mille uomini. Ma, in realtà deve trattarsi di una sola banda, comprendente tra i trecento e i cinquecento uomini, presso la quale si sono rifugiati

Preparazione del rancio in un campo dei partigiani.

numerosissimi ebrei e zingari, che si abbandonano a ruberie nelle località dei dintorni. Il campo partigiano è probabilmente quello segnalato a quattro chilometri a nord-est di Jakszty, all'interno di un triangolo di canali; gli altri due dovrebbero essere in parte depositi di rifornimenti, in parte accampamenti di ebrei e di zingari. Le zone più vicine al bosco di Majatku-Belmont sono protette da dispositivi di sicurezza dislocati, perché possano dare immediatamente l'allarme, soprattutto lungo il margine dello stesso bosco.

Un gruppo partigiano armato con mitragliatrici.

Una colonna rifornimenti tedesca, 1942.

Elementi della *SS-Kradschtz.-Kp.* della *1.SS-Inf.Brigade*. Da sinistra l'*SS-Ustuf.* Sander, l'*SS-Ustuf.* Schrade, comandanti di plotone, l'*SS-Hstuf.* Hörnicke, comandante della compagnia e l'*SS-Uscha.* Schrader.

Entro un vasto raggio, le località circostanti forniscono appoggio alle bande oppure sono costrette dai partigiani a mantenere un atteggiamento amichevole…La banda è diretta secondo criteri rigorosamente militari, perché ne fanno parte soldati sovietici ben addestrati che sono sostituiti a intervalli regolari per ordine della centrale di Mosca, con cui i partigiani sono in collegamento radiotelegrafico. I rifornimenti di munizioni e di viveri sono effettuati da aerei. L'armamento consiste in fucili, alcune mitragliatrici e mortai leggeri.

B) Territorio

La zona boscosa Majatku-Belmont, dove sono insediate le bande partigiane, è delimitata a est da paludi

Pattuglia esploratrice SS in avanscoperta, autunno 1942.

inaccessibili; non esistono strade in buone condizioni che conducano da est nella zona boscosa. A sud, la zona stessa è protetta dal fiume Dzisna[2]….

Soldati tedeschi con uniformi invernali, 1942.

Verso sud-ovest e ovest, il corso del fiume Dryswiaty e la zona intorno al lago di Bohin, formano un ostacolo naturale. Anche verso nord, la serie di laghi minori tra il lago Bohin e il lago Drywiaty a sud di Braslaw, costituisce una difesa naturale relativamente favorevole....

C) Gruppe 'Gottberg'

Allo scopo di annientare la banda nemica nella zona di Majaktu-Belmont è stato costituito il gruppo da combattimento *'Gottberg'*, al quale sono subordinati:

a) la *1.SS-Inf.Brigade (mot.)*
b) *SS-Polizei Regiment 14*
c) *Sicherungsgruppe 'Barkholt'*, inclusa la gendarmeria locale, le squadre di protezione, alcuni reparti della *Wehrmacht*, unità di pronto intervento del commissario territoriale.

D) Operazione Nürnberg

In seno al *Kampfgruppe 'Gottberg'*, la *1.SS-Inf.Brigade*, deve attaccare il nemico e distruggerlo, impiegando l'*SS-Inf.Rgt.10* sulla destra e l'*SS-Inf.Rgt.8* sulla sinistra. Per nemici s'intendono banditi, ebrei, zingari e individui sospettati di appartenere alle bande.

Area ad est della posizione di Postawy (sulla sinistra).

E) Piano dell'operazione

La *1.SS-Inf.Brigade* inizia l'attacco da est a ovest...Da nord interviene il *Sicherungsgruppe 'Barkholt'* e da sud, l'*SS-Polizei Regiment 14*. A ovest della linea fiume Dryswiaty-lago Bohin, vengono dislocate come forza di sbarramento le unità del servizio di sicurezza del commissario territoriale della Lituania....

a) La sera del 22 novembre, la *1.SS-Inf.Brigade* deve raggiungere la linea generale Zamosze-Zaborce-Kamionka-Jody-Kornica-Mikolajewo-D.Przemysl-Rymki-Bielki. Sull'ala sinistra, l'*SS-Inf.Rgt.8* occuperà quest'ultima località con un rapido assalto.
....

Soldati tedeschi scendono da un treno, alla vigilia di un'operazione antipartigiana, autunno 1942.

Elementi di una unità della Polizia tedesca, 1942.

Banda partigiana schierata prima di un'azione, 1942.

Civili catturati e scortati dai Feldgendarmi, 1942.

c) La totale distruzione del gruppo partigiano nella zona di Majatku-Belmont, è prevista per il 24 e 25 novembre. Successivamente un reggimento della *1.SS-Inf.Brigade* dovrà rastrellare la zona esclusa dall'operazione *'Nürnberg'* a sud della linea Kiewlicze-Bielki-Nowosiolki, per eliminare i gruppi di partigiani dispersi e raccogliere prodotti agricoli.

F) Esecuzione dell'operazione

a) Il giorno 21 novembre, gli ultimi reparti della Brigata che giungono per ferrovia dalla zona di Borissow, si concentrano a Glebokie. Per mancanza di carburante le unità devono raggiungere la zona in parte a piedi e durante la notte. Dislocazione dei reparti: l'*SS-Inf.Rgt.8* (lo stato maggiore e un battaglione) a Glebokie e un altro battaglione nella zona di Mosarz. L'*SS-Inf.Rgt.10* deve operare invece nella zona compresa tra i villaggi di Szarkowczszyzna, Bildsjoki e Pohost Nw.

b) Alle ore 6:00 del 22 novembre, la *1.SS-Inf.Brigade* lascia la zona di acquartieramento per raggiungere la linea prestabilita. Una compagnia motorizzata occupa fulmineamente Bielki. Alle 9:05, la compagnia fucilieri motociclisti, riceve l'ordine di sorvegliare la strada Zamosze-Dworzyszcze Nw., fino al punto di contatto tra l'*SS-Inf.Rgt.10* e il *Sicherungsgruppe 'Barkholt'*, per impedire movimenti di bande partigiane verso nord. Nel corso della giornata, nessun contatto con il nemico….

Motociclista portaordini SS in zona di operazioni.

Fucilazione di civili, accusati di attività partigiana.

c) Nelle ore antimeridiane del 23 novembre, contatti con il nemico nei pressi di G.Pazowo, nel settore dell'*SS-Inf.Rgt.8*. Quattro banditi uccisi; un nostro soldato ferito gravemente (successivamente deceduto). Nel pomeriggio, l'*SS-Inf.Rgt.10* raggiunge la linea fissata per il 23 novembre prima che faccia buio; scarsi contatti con il nemico. Un reparto incaricato di stabilire il collegamento con il *Sicherungsgruppe 'Barkholt'*, è fatto segno di violente scariche di fucilieria provenienti da Fw. Bobruty, ma conduce ugualmente a termine la missione. La località di Rzepowszczyzna viene in parte distrutta e la popolazione sottoposta a trattamento speciale[3]. E' sottoposta a trattamento speciale anche la popolazione di Stayki. Nel settore dell'*SS-Inf.Rgt.8*, nei pressi del ponte a circa un chilometro a ovest di Stefanowka, scontro a fuoco con un avamposto nemico. I nemici si ritirano verso ovest. Durante l'occupazione di Siemionowicze, circa dieci banditi riescono a fuggire verso nord, servendosi di slitte. Mentre le nostre unità occupano Kusztake, ventisei uomini, che hanno affrontato con scuri e accette alcune squadre di sorveglianza, sono passati per le armi. All'avvicinarsi delle unità tedesche, la maggior parte della popolazione presente nel settore nord dell'*SS-Inf.Rgt.8*, fugge verso nord-ovest nel territorio boscoso...Durante l'avanzata, l'*SS-Inf.Rgt.8*, localizza e distrugge nei boschi a sud e a nord di Radomysl, due accampamenti nemici abbandonati. La posizione di Zurawowszczyzna è occupata dopo aspri combattimenti. I banditi si ritirano verso nord-ovest, abbandonando sul posto un ferito grave. Sul resto del fronte di attacco, la brigata riesce ad avanzare con estrema difficoltà: strade in cattive condizioni, paludi inaccessibili e la necessità di rastrellare le singole località e le zone boscose, impediscono di progredire ai reparti rapidamente. Malgrado tutto questo, gli obiettivi assegnati sono raggiunti....

Partigiani armati con fucili e mitragliatrici.

d) Per il 24 novembre, la Brigata riceve l'ordine di proseguire l'attacco lungo le direttrici assegnate. Alle 6:30, conformemente agli ordini ricevuti, l'*SS-Inf.Rgt.10* inizia le operazioni e stabilisce un primo contatto con il nemico nei pressi della casa forestale G.Bobruty, che viene conquistata dopo un violento scontro a fuoco. Il nemico si ritira nel bosco verso est. Dopo che nelle ore antimeridiane, avanzando tra enormi difficoltà su un terreno paludoso e coperto da folta vegetazione, l'*SS-Inf.Rgt.10* ha raggiunto la linea G.Bobruty-lago di Ozierajce per proseguire verso est, l'*SS-Inf.Rgt.8*, effettuate ricognizioni preliminari, prosegue nell'attacco. Verso le 11:15, lungo il margine occidentale della palude di Woropajewo, scontro a fuoco con reparti nemici del dispositivo di sicurezza. Il nemico ripiega verso nord. Per evitare la penetrazione di forze nemiche verso est nel settore dell'*SS-Inf.Rgt.8*, le unità di fanteria della compagnia corazzata, nonché il corpo di guardia del comando brigata, passano alle dipendenze dell'*SS-Inf.Rgt.8*. Per ordine del comandante del *Kampfgruppe 'Gottberg'*, l'iniziale obiettivo dell'attacco assegnato all'*SS-Inf.Rgt.8* tra il canale G. Michaliszcze e Wolki, viene spostato in direzione ovest.

Curt von Gottberg.

Villaggio russo dato alle fiamme come rappresaglia.

L'*SS-Inf.Rgt.10* raggiunge alle 17:45 l'obiettivo della giornata, secondo gli ordini. L'accampamento nemico, che secondo alcune segnalazioni doveva trovarsi lungo le sponde del lago Ozierajce, in realtà non esiste, mentre un altro campo nemico viene scoperto a 1,5 chilometri a nord-est dello stesso lago e un altro ancora a tre chilometri a nord di Platerow. Le nostre unità li distruggono entrambi. L'*SS-Inf.Rgt.8* incontra in una zona boscosa a 800 metri a nord-ovest di Zurawowszczyzna, un accampamento abbandonato di partigiani…

Partigiano con mitragliatrice.

e) In mancanza di istruzioni precise sull'ulteriore sviluppo dell'attacco lanciato dall'*SS-Polizei Regiment 14*, per il 25 novembre, i due reggimenti della Brigata hanno l'ordine di tenere la linea raggiunta. Nella mattinata, un contadino di Kropiwniki, riferisce che nel suo villaggio si sono rifugiati circa cinquanta banditi armati. Alla compagnia fucilieri motociclisti, è affidato l'incarico di occupare Kropiwniki e di annientare i banditi. Durante la marcia di avvicinamento i banditi tentano di sottrarsi alle nostre unità, ma sedici di loro, vengono uccisi. Nella stessa mattinata, abitanti della zona segnalano piccoli gruppi di partigiani in ripiegamento verso nord-

est. La compagnia fucilieri motociclisti, riceve l'ordine di formare una linea di sbarramento nella zona di Pohost Nw. Nello stesso tempo, alcuni reparti vengono distaccati dall'*SS-Inf.Rgt.10* e subordinati alla compagnia fucilieri motociclisti. Pattuglie dell'*SS-Inf.Rgt.8* in ricognizione al vertice sud del triangolo di canali, localizzano un accampamento abbandonato di partigiani e lo distruggono. Nel settore del *III./SS-Inf.Rgt.10*, durante il rastrellamento sistematico di una fitta zona boscosa, un militare della *Wehrmacht* che si trovava prigioniero da cinque settimane nell'accampamento principale della banda, è riuscito a raggiungere le nostre unità.

Civili sospettati di attività partigiana, catturati dai tedeschi in attesa di essere trasferiti.

Partigiani catturati da un reparto di polizia tedesco, con al seguito dei cani pastore.

Secondo la sua testimonianza, la banda nemica, vistasi circondata, si è divisa in piccoli gruppi che intendono passare attraverso la linea di sbarramento verso nord-est e raggiungere la Dwina. L'*SS-Polizei Regiment 14* conclude il rastrellamento della zona boscosa a sud-ovest della linea di sbarramento tenuta dalla Brigata, che ora deve essere ulteriormente impiegata in questo settore…

G) Risultato complessivo dell'operazione

Data	banditi	ebrei	zingari	Tratt. speciale	Perdite subite
22.11	-	-	-	15	1 caduto
23.11	4	8	7	287	2 caduti
24.11	14	-	-	268	1 ferito leggero, 1 caduto
25.11	42	2	-	68	-
Totale	60	10	7	638	4 caduti, 1 ferito leggero

Un reparto di Polizia tedesco schierato in una cittadina russa, autunno 1942.

Reparto tedesco impegnato in un rastrellamento.

Bottino: due mitragliatrici pesanti, dieci fucili, due pistole mitragliatrici, una pistola lanciarazzi per segnalazioni, una grande quantità di munizioni, bombe a mano, un apparecchio ricetrasmittente, un apparecchio radio.

Note

[1] Si tratta della zona di Pastawy, a metà strada tra Kaunas e Vitebsk, un territorio caratterizzato da laghi, foreste e paludi.

[2] Il fiume Disna, affluente della Dwina.

[3] Nel testo originale la parola usata è *sonderbehandeln*, letteralmente 'trattare in modo speciale', che in pratica voleva dire 'sottoporre a esecuzione immediata', riferita alla categoria dei *'Bandenverdächtige'*, cioè sospettati di appartenenza alle bande partigiane, senza fare distinzione tra uomini, donne e bambini.

General der Infanterie, **Kurt von der Chevallerie.**

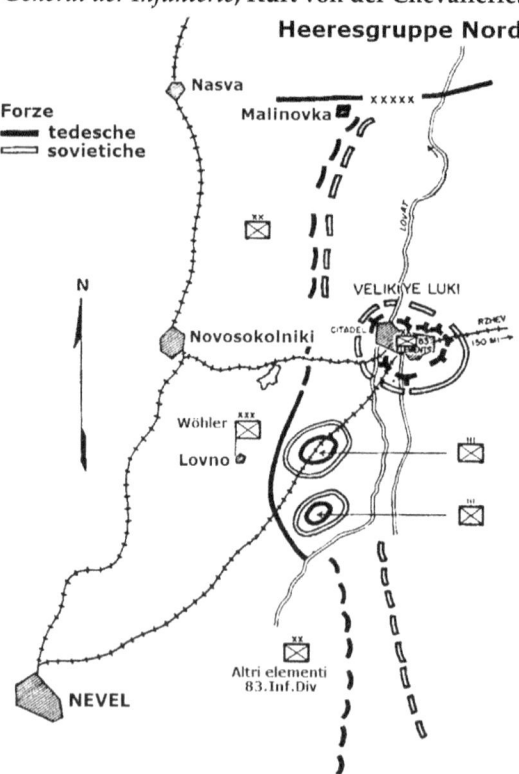

Situazione al 15 dicembre 1942.

Impiego nell'area di Velikje-Luki

Il 26 novembre, l'unità fu messa a disposizione dell'*OKH* e del *Reichsführer-SS* a Smolensk. Successivamente, il 3 dicembre 1942, la Brigata fu trasferita a Purlajewo, nel settore di Nevel (Newel), dove la situazione si era fatta particolarmente critica per i tedeschi. In quella stessa giornata, il comando dell'unità passò temporaneamente all'*SS-Oberführer* Karl Herrmann[1]. Ma torniamo alla situazione militare sul campo: sul fianco sinistro della *9.Armee*, il *Gruppe 'von der Chevallerie'*, che occupava una serie di punti di appoggio nel settore occidentale del saliente di Toropez, fu duramente attaccato dalle forze sovietiche del Fronte di Kalinin. La 3ª armata d'urto sovietica passò all'attacco il 25 novembre, con una superiorità numerica di cinque a uno, nel cuore del sistema difensivo tedesco, travolgendo tutto e tutti. Attraverso un terreno paludoso, pieno di foreste, ricco di laghi, i sovietici penetrarono profondamente e rapidamente alle spalle del *Gruppe 'von der Chevallerie'*, riuscendo dopo due giorni a circondare la posizione di Velikje-Luki, un importante nodo di comunicazioni per le forze tedesche, difesa da 7.500 uomini della *83.Inf.Div.*, agli ordini dell'*Oberstleutnant* von Sass, comandante dell'*Inf.Rgt.277*. Il 27 novembre, a venti chilometri più ad ovest, i sovietici giunsero a minacciare ugualmente la posizione di Nowo Sokolniki. Von der Chevallerie affermò che per salvare le truppe circondate a Velikje-Luki, queste dovevano ritirarsi e raggiungere immediatamente le linee tedesche più a ovest. Ma la risposta di Hitler non lasciò spazio a equivoci: Velikje-Luki doveva essere difesa fino a quando non sarebbe stata ristabilita la precedente linea del fronte. Fu in pratica la condanna a morte per la guarnigione poiché difficilmente le forze tedesche potevano organizzare una controffensiva in questo settore. Fu in questa atmosfera e in quest'area critica che intervennero i reparti della *1.SS-Inf.Brigade*. La loro prima consegna era di rilevare i camerati della *20.Inf.Div.* affinché questi potessero tentare di disimpegnare la guarnigione di Velikje-Luki, con l'aiuto della *8.Pz.Div.* e della *291.Inf.Div.* Gli ultimi convogli della Brigata giunsero a Nevel il 4 dicembre. Il 6, i reparti SS montarono in linea nel settore Komschanskaja Rudnja-Balabolkino, dove andarono a rilevare i fanti della *291.Inf.Div.* e degli elementi della *20.Inf.Div.*, aggregati al *LIX.Armee-Korps*. Il loro arrivo permise di liberare una forza di tre battaglioni di fanteria e sei batterie di artiglieria.

Reparti sovietici all'attacco, autunno 1942.

Un pezzo anticarro della *Waffen SS* in azione.

Un carro *T-60* sovietico distrutto nell'area di Velikiye Luki.

Posizione difensiva tedesca nell'area di Velikiye Luki.

L'attacco iniziò l'8 dicembre, a nord di Opuschliki: l'operazione di rilievo su Velikje-Luki, fallì dopo due giorni di duri combattimenti, soprattutto perché le forze del *Gruppe 'von der Chevallerie'*, erano insufficienti per una tale operazione. La *1.SS-Inf.Brigade* lanciò alcuni attacchi diversivi per attirare su di sé quante più forze nemiche possibili, ma fu tutto vano. Il 16 dicembre, l'*SS-Inf.Rgt.10* si raggruppò intorno a Opschiziki. Il 19 dicembre, l'OKH ordinò il ripiegamento della *20.Inf.Div.* e della *1.SS-Inf.Brigade* sul fiume Lovat. Il 24, la Brigata SS rilevò la *83.Inf.Div.* nel settore Lawreschkino-Maximicha e insediò il suo comando a Alexandrowo e il giorno dopo a Ptachino.

Reparti del *Frikorps Danmark* in addestramento.

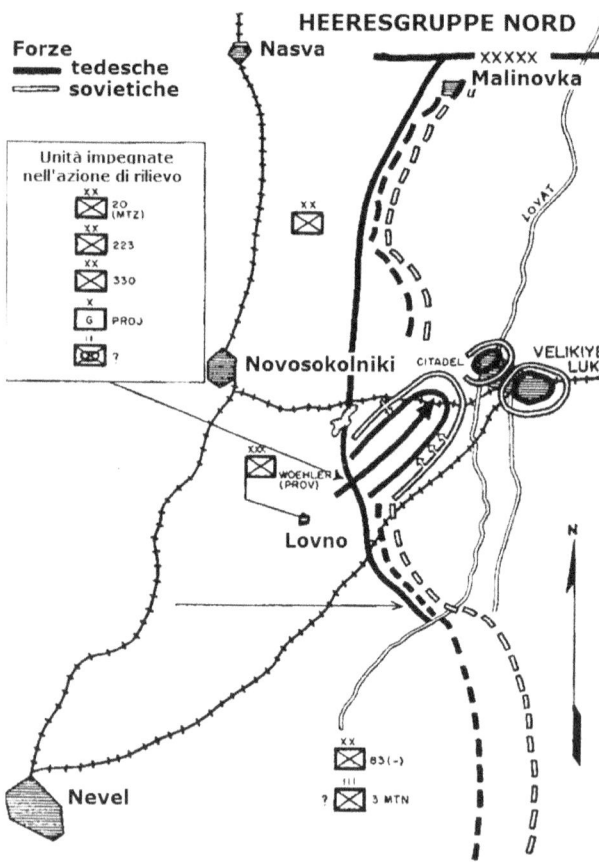

Situazione al 15 gennaio 1943.

Giungono rinforzi

In questo periodo fu aggregato alla Brigata SS il *Frikorps Danmark*, l'unità volontaria danese[2]. Dopo essere stata impegnata sul fronte di Demjansk alle dipendenze della *Totenkopf*, dopo un periodo di riposo in patria, la legione danese era stata trasferita alla fine del 1942 proprio nel settore della Brigata SS, esattamente nel saliente di Poretschje, che andava dalla strada di Nevel fino al villaggio di Poretschje ad est. Tra il 19 ed il 20 dicembre, le compagnie del *Frikorps* furono trasferite in prima linea ed il posto di comando dell'unità si insediò a Bokrikovo. Alle tre compagnie fucilieri danesi fu assegnato un settore di sette chilometri, al largo della sponda meridionale del fiume Balasdyn, da Kondratovo fino a Mevniki. Fino alla vigilia di Natale, i legionari danesi furono impegnati principalmente nella costruzione di opere difensive, poi nel tardo pomeriggio di quella stessa giornata, i sovietici lanciarono un attacco in forze contro le posizioni danesi. In particolare la posizione di Kondratovo fu attaccata da un intero battaglione di fanteria sovietico. L'*SS-Stubaf*. Martinsen, comandante della legione danese, raggruppò tutte le sue forze a disposizione e lanciò un disperato contrattacco, riuscendo a riconquistare le posizioni perdute. L'azione offensiva nemica era stata in realtà un diversivo: l'obiettivo era stato quello di distrarre l'attenzione dallo sforzo offensivo principale, orientato verso la linea ferroviaria Nevel-Velikiye Luki, più a nord. Il 29 dicembre 1942, al comando della Brigata SS subentrò l'*SS-Brigdf*. Fritz von Scholz[3]. Il nuovo comandante raggiunse però la sua nuova unità solo nel gennaio del 1943.

SS-Brigdf. Fritz von Scholz.

L'*SS-Hstuf.* Otto Bildstein.

Attacco della fanteria sovietica.

Nel frattempo, per tentare di allentare la pressione nemica, la Brigata organizzò un raggruppamento motorizzato (*gepanzerte Gruppe 'Bildstein'*) per un attacco in direzione di Velikje-Luki. Il 4 gennaio 1943, il *Gruppe 'Wöhler'*, comprendente la *291.Inf.Div.* e la *20.Inf.Div.*, tentò ancora una volta di soccorrere la guarnigione di Velikje-Luki, lanciando una nuova azione di rilievo, l'*Unternehmen 'Totila'*. Il 9 gennaio, i reparti della Brigata SS agli ordini dell'*SS-Hstuf.* Otto Bildstein[4], comandante della *14.Pz.jg.-Kp./SS-Inf.Rgt.10*, passò all'attacco in direzione di Scheblodina. La sua progressione fu lenta ma continua, proseguendo per tre giorni in direzione nord-est, prima di essere bloccata a nord di Fontnewa. L'11 gennaio, l'*SS-Kradschtz.-Kp./1.SS.Inf.Brigade*, la compagnia fucilieri motociclisti della Brigata, partecipò all'offensiva in seno al *Kampfgruppe 'Ramdohr'* (elementi della *205.Inf.Div.*, del *II./Lw.Feldkorps*, del *III./Inf.Rgt.803*), che doveva attaccare lungo la strada Nowo Sokolniki-Velikje-Luki, in direzione della città assediata. In quel momento, la guarnigione si ritrovò tagliata in due: una parte difendeva la cittadella, nei sobborghi occidentali, l'altra, il grosso delle truppe, era arroccata molto più a est. Il *Kampfgruppe Ramdohr* non poteva che tentare di soccorrere la guarnigione, poiché aprire un corridoio permanente verso la città era impossibile con i pochi mezzi di cui disponeva. Il 14 gennaio, il suo attacco si arenò tuttavia a poche centinaia di metri dalla cittadella. Il 16 gennaio, solo 176 superstiti riuscirono a mettersi in salvo. Qualsiasi collegamento con il grosso della guarnigione, circa 7.000 uomini, fu perduto. Nel frattempo, il *Kampfgruppe Bildstein* era stato impegnato in duri combattimenti per Belodedowka (12 gennaio 1943), poi per Fontnewa (dal 13 al 15 gennaio 1943). Il 16 gennaio, il *Kampfgruppe SS* fu ritirato dal fronte e si raggruppò nei dintorni di Alexeikowo, dove fu messo a disposizione del *Gruppe Wöhler*: aveva perso il cinquanta per cento dei suoi effettivi nel corso della battaglia. Il 21 gennaio 1943, il fronte difensivo tedesco fu riallineato tra le posizioni di Demja e Alexejkowo Borschtschanka.

Reparti SS durante attraversano un villaggio russo.

Civili russi impiccati per attività partigiana, 1943.

Postazione avanzata tedesca, con una *MG-34*.

Il 4 febbraio, la Brigata si acquartierò nei dintorni di Podluschje, dove fu aggregata al *LIX.Armee-Korps*. Tra il 22 febbraio e l'8 marzo, la Brigata SS fu impegnata al fianco della *201.Sich.-Div.* (agli ordini del *Generalleutnant* Alfred Jacobi) nel combattere le bande partigiane nella zona compresa tra le località di Witebsk, Gorodok, Gurki e il lago di Senniza, nell'ambito dell'operazione *'Kügelblitz'*. Una seconda operazione nello stesso settore si sviluppò tra il 31 marzo e il 2 aprile, l'operazione *'Donnerkeil'* sotto la direzione della *3.Panzer-Armee*. Sempre nel mese di marzo, precisamente il 20, il *Frikorps Danmark* fu distaccato dalla Brigata SS. Fino alla fine di giugno, la Brigata continuò a eseguire una serie di rastrellamenti per individuare gruppi isolati di partigiani ed allo stesso tempo, sventare eventuali sabotaggi alle linee di comunicazione e rifornimenti. Il 23 giugno, la Brigata lasciò il settore di Velikje-Luki per trasferirsi a Borisov, dove fu messa a disposizione del *Pz.AOK 3*. Qui partecipò ancora ad alcune operazioni locali contro le bande partigiane. Fino al 3 luglio, lo *Stab SS-Inf.Rgt.10*, il *III./SS-Inf.Rgt.10*, il *II./SS-Inf.Rgt.8*, una batteria pesante e degli elementi di sostegno logistico, restarono nel settore a sud-ovest di Velikje-Luki. Sempre nel giugno del 1943, il comando della Brigata passò all'*SS-Brigdf.* Karl Herrmann.

Un soldato della Brigata SS, vestito con una mimetica bianca dei reparti dell'esercito (*Collez. Charles Trang*).

Postazione difensiva tedesca con una *MG-34*.

Reparti tedeschi in marcia nell'area di Velikje-Luki.

Testimonianza del soldato Hans Fleischer, sui combattimenti nell'area di Velikje-Luki

Alla fine di novembre del 1942, la *1.SS-Inf.Brigade (mot.)* era dislocata nell'area di Velikje-Luki, insieme ad altre unità della *Wehrmacht*. La situazione era già sufficientemente complicata per noi a causa del grande freddo. Avevamo tuttavia, diversamente all'inverno precedente, tutto il vestiario invernale necessario tra cui giacche a vento di pelliccia e stivali di feltro. Tutto il territorio circostante era sotto una spessa coltre di neve e ci sentivamo come all'interno di una favola invernale! Ero allora membro della *4.Kompanie* dell'*SS-Inf.Rgt.10*. La compagnia mitragliatrici, era comandata dall'*SS-Hstuf.* Steenholt-Schütt[5], mentre il plotone a cui io appartenevo era agli ordini dell'*SS-Oscha.* Klein. Il nostro *s.MG-Gruppe* (gruppo mitragliatrici pesanti) era situato su una collina, in una posizione molto esposta della principale linea di combattimento. La buona posizione e la potenza di fuoco delle mitragliatrici pesanti, avevano un ottimo effetto contro gli attacchi del nemico, ma avevano però anche lo svantaggio che erano ben visibili all'occhio dello stesso nemico ed era quindi sottoposta al fuoco di disturbo dei mortai sovietici. Per questa ragione, da parte nostra, avevamo ridotto quasi tutti i movimenti diurni. Durante il giorno, i servizi rimanevano fermi, in maniera da non far individuare le posizioni esposte, fossati e rifugi aperti, solo in parte protetti da coperture con tronchi e terreno. Era solo durante la notte, che aumentava lo stato di allerta e ogni ora avveniva la sostituzione del personale sulle varie posizioni. Ai piedi della collina, dietro a un angolo

73

al riparo del nemico, c'era un grande bunker scavato nella terra per il personale. All'interno, una grossa stufa irradiava un piacevole calore e gli uomini in servizio, si riposavano sui pancacci di legno. In caso fosse suonato l'allarme, gli uomini di servizio, si sarebbero lanciati di corsa attraverso il fossato per raggiungere la propria posizione. La vita si svolgeva prevalentemente di notte qui, anche se faceva molto freddo. Il vitto e la posta, arrivavano fino alla posizione di combattimento della compagnia sulla linea del fronte. Da qui, veniva poi portata ai gruppi nelle varie posizioni. Nell'ottavo giorno, nel quale il nostro battaglione era sistemato in questa posizione, i sovietici si erano cimentati più volte in violenti attacchi di sfondamento della prima linea, con i loro reparti d'assalto.

Si dipingono gli elmetti per l'inverno.

Una *MG-34* apre il fuoco contro il nemico.

Recupero feriti e caduti sul campo di battaglia.

Reparti tedeschi in marcia, gennaio 1943.

Ogni tentativo è stato respinto nel sangue. Quando faceva notte, i comandanti di plotone e il personale di servizio, s'incontravano per cercare di localizzare le posizioni nemiche dei mortai e delle mitragliatrici. Una volta individuate, durante il giorno, preparavamo all'interno delle posizioni, le mitragliatrici, sistemandole nella maniera più accurata in altezza e con i limitatori laterali. Queste operazioni, dovevano servire durante la notte successiva, a colpire le posizioni nemiche senza essere individuati. L'*SS-Schütze* del nostro servizio di fucilieri, camerata Martin, verso sera è rientrato dopo una licenza. Ci ha riunito in cerchio e mentre bevevamo dell'acquavite di cumino, ci ha raccontato la sua licenza. La sera successiva, sarebbe giunta per Martin l'ultima ora. Si era preparato anche lui, come gli altri, per andare a rilevare la postazione della *MG*. Verso le ore 20:00, un mortaio aveva aperto il fuoco sulla posizione che doveva andare a occupare Martin: ovunque lampi di granate avevano rischiarato i dintorni della posizione. Subito dopo le esplosioni, Martin ha lasciato il riparo del *bunker* e si era diretto verso la posizione che doveva rilevare. Di Martin però non si è avuta più notizia. Il comandante del plotone è andato allora in avanscoperta, perché l'assenza non prometteva niente di buono. Quando è ritornato, ci ha portato la triste notizia che Martin era caduto; una granata caduta lungo la scarpata del fossato, aveva lacerato la sua gabbia toracica e aveva frantumato la mandibola. Eravamo tutti depressi nel pensare che non aveva fatto in tempo a rientrare dalla licenza, che già era morto. Un'ora fa, eravamo seduti insieme ancora nel *bunker* con lui, che ci mostrava le foto che aveva scattato durante la licenza, e ora era caduto sulla posizione. Il fuoco nemico di disturbo, era proseguito ancora, cosicché non ci è stato possibile, per il momento, andare a recuperare il corpo del nostro camerata. Il prossimo che doveva rilevare la posizione ero io. Sono andato sul posto e ho sostituito il camerata.

Granatieri SS in un villaggio russo, 1942.

Quello se n'è andato velocemente, perché il nemico iniziava di nuovo il suo attacco di disturbo con i mortai. Quando il fuoco è cessato, mi sono guardato intorno. Dalla posizione, ho potuto vedere il corpo di Martin tutto scomposto. Martin era appoggiato di sbieco, davanti al muro del fossato con il busto lungo la scarpata e con la *MG* danneggiata al fianco. Il suo corpo si era indurito a causa del freddo gelido. Io ho pensato che avrei potuto trascinarlo dietro alla postazione, ma i proiettili illuminanti dei sovietici, sono saliti alti nel cielo e il fuoco dei mortai ha ripreso di nuovo. Ho dovuto desistere dal tentativo di recupero e ho dovuto nuovamente mettermi al riparo. Quando il fuoco è diminuito, ho tentato di nuovo di recuperare il mio camerata morto. Una volta raggiunto, una granata è esplosa direttamente davanti a noi gettandoci a terra. Il mio camerata era caduto addosso a me; Martin mi aveva salvato la vita. Il suo corpo esanime aveva intercettato molte delle schegge della granata che sarebbero state mortali per me. Poco dopo, due uomini mi hanno raggiunto portando una nuova *MG* in sostituzione di quella danneggiata. Hanno preso il corpo di Martin e l'hanno portato indietro. Poco più tardi, è arrivato anche il mio cambio. Abbiamo fumato una sigaretta di acquietamento e poi, molto velocemente, sono andato a scaldarmi nel grande *bunker*. Verso le ore 22:00, sono arrivati gli addetti al rancio. Io non sono riuscito a mangiare, ero ancora fortemente provato con i nervi. Sono rimasto seduto silenziosamente al fianco del corpo di Martin. I nostri pensieri erano rivolti ai nostri caduti; per due ore, è rimasto ancora tra noi....La sera successiva gli addetti al trasporto del rancio, mi hanno visto mentre mi aggiravo sulle posizioni di combattimento della compagnia. Una volta rientrati hanno fatto presente l'accaduto al comando... che mi ha chiamato e mi ha spedito in licenza: ventuno giorni di licenza, lontano dal fronte!

Carro e soldati sovietici a di Velikje-Luki.

Reparti sovietici penetrano dentro Velikje-Luki.

Già più volte ero stato scelto per essere inviato in licenza, ma tutte le volte veniva revocata '...*a causa della difficile situazione del fronte*'. Ora era finalmente la volta buona! La stessa notte, con il veicolo del vitto sono partito dalla posizione di prima linea della compagnia per giungere al settore delle salmerie, dove, dopo l'evasione delle formalità con il Maresciallo della fureria, sono stato portato con un veicolo alla stazione poco distante. Lì, ho presto insieme con altri soldati in licenza, la strada in direzione della Patria. Giunto in Patria, i miei familiari si sono meravigliati della mia improvvisa comparsa. Sono state tre settimane di vacanza prodigiosa. La separazione è stata pesante. Ma quando le ruote del convoglio si sono messe in movimento, con a bordo il plotone di vacanzieri diretti al fronte, la vacanza era già dimenticata e i miei pensieri erano già di nuovo rivolti ai camerati rimasti al fronte.

Note

(1) Karl Herrmann, nato il 27 ottobre 1891 a Grube Ilse, SS-Nr. 357 135. In precedenza aveva servito al comando del *Tot.Inf.Rgt.2* (1941) prima di assumere il comando dell'*SS-Inf.Rgt.10*.

(2) Sull'impiego del *Frikorps Danmark* a Velikje-Luki, si leggano gli articoli pubblicati nei numeri 20 e 21 della rivista *Ritterkreuz*.

(3) Fritz von Scholz nacque il 9 dicembre 1896 a Pilsen in Boemia. Durante la prima guerra mondiale prestò servizio nell'esercito austro-ungarico, come ufficiale di artiglieria. Nel 1921 si arruolò nel Corpo franco *Oberland*, partecipando agli scontri contro i comunisti dissidenti in Slesia. Nell'ottobre del 1932 entrò nella branca austriaca dell'NSDAP e subito dopo entrò a far parte delle SA austriache come comandante di plotone. Nel 1933 si trasferì in Germania, entrando nelle SS (Nr.135638). Nel 1934, promosso *SS-Untersturmführer* passò al comando della 5ᵃ compagnia del *II./SS-Standarte 1*. All'inizio della Seconda Guerra Mondiale, con il grado di *SS-Sturmbannführer* passò al comando del *II./Sta. 'Der Führer'*, partecipando alla campagna occidentale del 1940, durante la quale fu decorato con entrambe le classi della Croce di Ferro. Alla fine della campagna, passò al comando dell'*SS-Infanterie-Regiment Nordland*. Nel gennaio 1941 il *Nordland* fu integrato nella nuova divisione SS *'Wiking'*. Nel novembre del 1941, fu decorato con la Croce Tedesca in Oro e circa un mese dopo (18 gennaio 1942) con la Croce di Cavaliere. Il 10 gennaio 1943 von Scholz ricevette l'ordine di assumere il comando di una nuova divisione volontaria della *Waffen SS* in formazione a Grafenwöhr, ma poiché non era stato ancora fatto nulla di concreto, fu assegnato al comando della *1.SS-Inf.Brigade*.

(4) Otto Bildstein, nato l'11 maggio 1912 a Schönwald, SS-Nr. 107 505. In precedenza era stato al comando della *2./SS-Pz.Jg.Abt. 'Totenkopf'* (1941).

(5) Christian Steenholt-Schütt, nato il 2 gennaio 1911 a Neuer Friedrichenhoog, SS-Nr. 291 206. In precedenza aveva servito come ufficiali di ordinanza nel *III./Sta. 'Deutschland'* (1939), nella *15./Sta. 'Deutschland'* (1940), al comando della *7./SS-Inf.Rgt.8* (1941) e poi come ufficiale di ordinanza nell'*SS-Inf.Rgt.10* (1942).

Visita del Generale Kurt von der Chevallerie

Nel maggio del 1943, il Generale Kurt von der Chevallerie, comandante del *LIX.Armee-Korps*, si recò in visita ai reparti della *1.SS-Infanterie-Brigade*, assistendo anche ad alcune esercitazione sul campo. La visita fu immortalata dall'*SS-Kriegsberichter* Anton Ahrens, che successivamente fu al seguito dei reparti della '*Florian Geyer*'.

L'arrivo del Generale von der Chevallerie, accolto dall'*SS-Staf*. Heinz Bertling, sulla destra nella foto, comandante dell'*SS-Inf.Rgt.10*. A destra una sua foto in primo piano. Nato nel 1898, aveva combattuto nella Grande Guerra e la sua esperienza gli valse un posto come istruttore alla *SS-Junkerschule* di Brunswick dal 1935 al 1938. Comandò in seguito *la 3.SS-Totenkopf-Standarte 'Thüringen'* per due mesi, prima di assumere il comando del *I./Sta. 'Deutschland'* tra il 1938 ed il 1939. Servì brevemente nella *Leibstandarte* prima di passare al comando dell'*SS-Tot.Inf.Rgt.2*, nell'ottobre del 1939. Dopo la disastrosa battaglia a Le Cornet Malo, in Francia nel 1940, rimase fermo quasi due anni, prima di tornare al servizio attivo nella *Waffen SS*.

Il Generale passa a ispezionare i reparti della Brigata, salutato da uno *SS-Untersturmführer*. In secondo piano, si intravede un trattore cingolato *Praga T7*, di costruzione ceca.

77

Il trattore simula la presenza di un carro sovietico durante un'esercitazione dimostrativa. Il fante nella buca, nella foto di sinistra, è armato con una mina anticarro magnetica. Nella foto di destra, lo stesso fante riceve i complimenti di alcuni ufficiali dell'esercito e della *1.SS-Inf.Brigade* e tra questi si riconoscono, l'*SS-Standartenführer* Heinz Bertling, al centro con la testa abbassata, e l'*SS-Oberführer* Karl Hermann, comandante della Brigata, sulla sinistra.

Un *SdKfz.10*, trattore semicingolato da una tonnellata, trasformato in caccia carri con un *Pak 38*.

Il Generale a colloquio con gli ufficiali della Brigata SS e in visita alle posizioni di prima linea.

Altre due foto della visita del Generale alle posizioni avanzate della Brigata SS.

Reparti della brigata SS impegnati in una esercitazione di rilevamento topografico sul terreno.

Altre foto della visita del Generale, mentre ispeziona i reparti della Brigata e le prime linee.

Durante la visita di von Chevallerie, l'*SS-Kriegsbrichter* Ahrens, scattò diverse foto agli uomini della Brigata SS, nella loro vita quotidiana al fronte. In questa foto, una seduta di pulizia delle armi, in particolare fucili *Mauser 98K*.

Mitragliatrice *MG-34* su treppiede *Lafette 34*. In questa configurazione 'pesante', la *MG-34* aveva una portata di 3.500 metri e disponeva di un visore telescopico. Questa foto, permette di visionare il complesso sistema di regolazione del tiro.

Pezzo antiaereo *Flak 38* da 20mm della Brigata, in posizione di fuoco, contro obiettivi terrestri.

Una squadra mortai della Brigata SS, con un pezzo medio (*m.Gr.W.34*): con un calibro di 81mm, questa arma era il mortaio standard della *Wehrmacht* e ne furono costruiti più di 71.500 esemplari. La granata esplosiva, con un peso di 3,5 Kg, conteneva 500 grammi di TNT e questo la rendeva mortale in un raggio superiore ai dieci metri.

Altra foto di una *MG-34* su treppiede *Lafette 34*.

Pionieri della Brigata SS.

Un sorso di *'schnapps'* per festeggiare la visita del Generale.

Un *SS-Ustuf.* della Brigata.

Al termine della visita, il Generale Kurt von der Chevallerie, rimase molto impressionato positivamente circa la preparazione e l'addestramento dei reparti della Brigata SS e si congratulò con il suo Stato Maggiore.

Combattimenti difensivi in seno all'Heeresgruppe Mitte

Un prigioniero interrogato da graduati della Brigata SS.

Reparti tedeschi impegnati in un rastrellamento, 1943.

Reparti SS attaccano un villaggio occupato dal nemico.

Nel luglio del 1943, una parte della Brigata fu trasferita nel settore di Derewno, passando per Minsk e Stolpce, poi nel corso della terza settimana, giunse a Bogdanow. Il grosso della Brigata fu impegnato contro i partigiani fino al 10 agosto, nella foresta di Naliboki, a ovest di Minsk, sotto il comando dello *Chef der Bandenkampfverbände*, l'*SS-Gruf.* von dem Bach. A partire dall'11 agosto, la Brigata raggiunse la *3.Panzerarmee* sulla Dwina, dove fu posta in riserva fino al 18, nel settore Ssnojo-Idriza-lago Iwan, non lontano da Newel. Fu quindi aggregata al *XLIII.Armee-Korps*, con la *83.Inf.Div.* e la *205.Inf.Div.* Fu impiegata ancora contro le bande partigiane, nel settore di Nowo-Sokolniki e lungo il tratto di linea ferroviaria Velikje-Luki-Pskow. Sempre nell'agosto del 1943, alla Brigata furono assegnati dieci cannoni d'assalto, con i quali venne formata una *SS-Sturmgeschütz-Batterie*, per aumentare la sua potenza di fuoco in vista dei suoi successivi impieghi in prima linea. Dal 30 agosto al 5 settembre, l'unità fu impegnata nell'area di Jelnja, alle dipendenze del *IX.Armee-Korps*. Le forze sovietiche del Fronte Occidentale avevano compiuto una penetrazione grazie agli sforzi operati dalla 10ª armata della Guardia e la 66ª armata ed avevano aperto una breccia larga trenta chilometri tra la *4.Armee* e la *9.Armee*. Il comando dell'*Heeresgruppe Mitte* venne a trovarsi quindi in una difficile situazione, dovendo richiamare dei reparti da altri settori di fronte più calmi, per inviarli nei settori minacciati. E così anche i reparti della *1.SS-Inf.Brigade*, tra la fine di agosto e l'inizio di settembre, furono trasferiti dal fronte a sud di Newel, verso il settore di Smolensk.

Granatieri SS in marcia, estate 1943.

I fucilieri motociclisti di Sonne

Durante questo trasferimento, si mise in evidenza la *Kradschützen-Kompanie* della *1.SS-Inf.Brigade*, posta alle dirette dipendenze della *4.Armee* come riserva per l'armata. La breccia aperta dai sovietici metteva in serio pericolo il controllo della strada Newel-Welisch-Smolensk e gli spostamenti in corso delle truppe dirette verso sud, si trovavano in una situazione critica. Il comandante della compagnia, l'*SS-Ostuf.* Sonne[1], dopo un'attenta ricognizione, di propria iniziativa, stabilì una postazione difensiva a protezione dell'importante strada, per permettere così i movimenti delle truppe con relativa tranquillità. Un reparto esploratori motorizzato della compagnia, si spinse nella terra di nessuno cercando di stabilire un collegamento con gli altri reparti tedeschi, senza però riuscirci. Nello stesso tempo però, la ricognizione tedesca rilevò che davanti alle loro posizioni, in direzione est, c'erano forti contingenti di carri e veicoli nemici nascosti nel bosco, pronti a muovere verso ovest.

Squadra mitraglieri SS impegnata a difendere una posizione.

Heinrich Sonne.

Granatieri SS durante un attacco, 1943.

Dopo questa veloce esplorazione, la compagnia, nelle prime ore serali, prese posizione con un plotone su un altopiano collinoso per creare una linea di resistenza. La posizione difensiva creata dalla *SS-Kradsch.Kp.* era però estremamente vulnerabile, soprattutto perché aveva il fianco sinistro scoperto, senza poter contare su nessun appoggio di fuoco né da parte

84

dei *Panzerjäger* né da parte dell'artiglieria. Durante la notte fu individuato un reparto esplorante sovietico che tentava di infiltrarsi in mezzo alla linea difensiva della compagnia, che fu respinto, dopo un breve scontro a fuoco. Alle prime luci del mattino successivo, un veemente fuoco di mortai si rovesciò sulle posizioni della compagnia SS, precedendo l'attacco portato sulla sua ala sinistra, che fu però respinto. Il gruppo mortai della stessa compagnia, fu colpito dal fuoco nemico, lamentando caduti e feriti.

Batteria di cannoni d'assalto tedesca in movimento.

Un mortaio in azione.

Un sottufficiale della Brigata SS su una postazione difensiva, 1943.

Verso mezzogiorno, riprese nuovamente il violento fuoco delle armi pesanti sovietiche sulla posizione dei fucilieri motociclisti. Il successivo attacco appoggiato dai carri, fu sul punto per travolgere la posizione tedesca. Fu in questa fase critica, che una batteria di *Sturmgeschütz* dell'esercito giunse sul campo di battaglia, riuscendo a distruggere numerosi carri nemici e a bloccare lo sfondamento. Anche un nuovo successivo attacco da parte di un battaglione di fanteria, fu respinto. Sul fianco sinistro, che era molto debole, il plotone dell'*SS-Ustuf.* Sander[2] fece molta fatica a opporre un'adeguata resistenza contro la pressione sempre più ostinata del nemico. Il fronte della compagnia era molto esteso e nella realtà non formava una linea continua, ma solo varie postazioni fortificate

difese dai vari plotoni. Nel pomeriggio, i sovietici riuscirono a chiudere in una morsa, con due battaglioni rinforzati e con l'appoggio di una ventina di *T-34*, la posizione dei fucilieri motociclisti. Nel centro del settore tenuto dalla compagnia, il 1° plotone dell'*SS-Ustuf.* Schrader[3] rimase circondato completamente, ma riuscì malgrado tutto a mantenere le sue posizioni. Poco più tardi, un gruppo di SS guidato dall'*SS-Uscha.* Brinkmann, riuscì a portarsi fino alla posizione minacciata, ma non c'era più niente da fare. Gli unici che si erano salvati, erano quei pochi feriti, che erano rientrati poco prima dell'attacco; è probabile che gli uomini caddero sul posto, durante i combattimenti ravvicinati e corpo a corpo, incluso lo stesso Schrader. Grazie al sacrificio del 1° plotone, gli altri reparti della compagnia riuscirono a sganciarsi velocemente, portandosi su una posizione di combattimento più arretrata. Nel corso dei combattimenti i sovietici persero almeno tredici carri. Per questa azione, l'*SS-Ostuf*. Sonne, fu raccomandato per la Croce di Cavaliere, che gli fu concessa ufficialmente il 10 dicembre 1943.

Serventi di un pezzo *Flak 38* da 20mm della Brigata SS, preparano le munizioni.

Nuovi combattimenti nell'area di Smolensk

Il 2 settembre, il grosso dei reparti della Brigata SS giunse a Biki, dove un improvviso attacco aereo nemico, gli inflisse pesanti perdite. Il 4 settembre, nel corso di nuovi combattimenti, caddero sul campo ben due comandanti di compagnia dell'*SS-Inf.Rgt.8*: l'*SS-Ostuf*. Gustav Steinberger, comandante della *5.Kp*. e l'*SS-Ostuf*. Waldemar Seewald, comandante della *6.Kp*. Il 6, la Brigata SS fu rilevata dai reparti della *78.Sturm-Division* e raggiunse con i suoi propri mezzi, il settore Jarzewo-Duchowtschina-Pretschistaja. Tra il 12 e il 15 settembre, la Brigata fu tatticamente aggregata alla *25.Pz.Gren.Div*. a sua volta dipendente dal *XXVII.Armee-Korps*. In quel periodo, l'unità comprendeva i seguenti elementi, con i rispettivi comandanti:

Granatieri SS in missione esplorativa.

Stab SS.Inf.Rgt.8, agli ordini dell'*SS-Ostubaf.* Trabandt[4]
- *I./SS-Inf.Rgt.8, SS-Stubaf.* Dieterichs[5]
- *II./SS-Inf.Rgt.8, SS-Stubaf.* Wiedemann[6]

Stab SS.Inf.Rgt.10, agli ordini dell'*SS-Staf. Lippert*[7]
- *I./SS-Inf.Rgt.10, SS-Stubaf. Hörnicke*[8]
- *III./SS-Inf.Rgt.10, SS-Stubaf. Schäfer*[9]

SS-Kradschtz.-Kp., agli ordini dell'*SS-Ostuf.* Sonne
SS-Nachr.-Kp., agli ordini dell'*SS-Ostuf.* Behn[10]
SS-Flak-Bttr., agli ordini dell'*SS-Ustuf.* Hans Bachler
SS-Pak-Kp., agli ordini dell'*SS-Hstuf.* Johann Eigler
Una batteria dell'*He.StuG-Abt.910*
Un gruppo di artiglieria del *XLIII.Armee-Korps*

Al 13 settembre, la Brigata difendeva un fronte largo cinque chilometri lungo il fiume Tsarewitsch, sulla sinistra delle posizioni della *246.Inf.Div.* Sotto la pressione nemica, essa fu costretta a ripiegare sulla posizione di Jarzewo e poi su Duchowtschina, sulla linea 'Hubertus I', dove fu impegnata in combattimenti difensivi tra il 16 e il 18 settembre, in seno al *Gruppe 'Grasser'*, che comprendeva la *25.Panzergrenadier-Division*, il *Grenadier-Regiment 427*, un *Kampfgruppe* della *8.Panzer-Division* e l'*Art.-Kdr.127*. L'*SS-Inf.Rgt.10* fu impegnato a coprire la strada Smolensk-Rosslawl, dove stabilì delle posizioni difensive, mentre sul suo lato settentrionale della stessa prese posizione l'*SS-Inf.Rgt.8*. Dal 15 settembre 1943, il comando della Brigata fu assunto provvisoriamente dall'*SS-Standartenführer* Herbert von Obwurzer[11]. Il 19, i reparti continuarono a ripiegare nella zona a nord-est di Lisichino, poi dal 20 al 22, nell'area di Smugulino (linea 'Hubertus II').

Estate 1943: la Brigata ricevette in questo periodo alcune vetture anfibie *SG6 'Trippel'*, dal nome del suo ideatore, Hans Trippel. Questo veicolo fu prodotto in Alsazia, nelle vecchie fabbriche Bugatti.

SS-Stubaf. **Werner Hörnicke.**

Tra il 23 e il 24 settembre, proseguendo la ritirata, l'unità SS continuò a essere impegnata in duri combattimenti difensivi a sud di Zaborje (linea '*Hubertus III*'), poi dal 25, i reparti tentarono di raggiungere la '*Clara-Linie*', situata a ovest di Smolensk, passando per Lipuny, Skriporowo e Nowo Selki. La Brigata ripiegò in seguito nel settore di Krasny, dove giunse il 27 settembre. I combattimenti nella regione di Smolensk, costarono molto cari alla Brigata: 215 caduti, 1.172 feriti e 77 dispersi.

Croce di Cavaliere per l'SS-Stubaf. Werner Hörnicke

Si distinse nei combattimenti nell'area di Smolensk, l'*SS-Stubaf.* Werner Hörnicke, comandante del *I./SS-Inf.Rgt.10*, al quale fu concessa la Croce di Cavaliere il 1° dicembre 1943. Leggiamo la raccomandazione dell'*SS-Stubaf.* Dieterichs, redatta nel novembre del 1943: "*...l'SS-Stubaf. Hörnicke è un ufficiale della Waffen SS e in seno alla brigata, ha partecipato alla campagna sul fronte dell'Est, fino al suo ferimento avvenuto il 22 settembre 1943...Il 1° settembre 1943, il battaglione di Hörnicke si trova subito alla testa della brigata nella sua marcia in direzione di Jelnja, a nord della strada Jelnja-Baltutina e verso Malaja-Neshodo, con il compito di contrastare i movimenti del nemico. Di propria iniziativa, Hörnicke sceglie di occupare una posizione favorevole per consentire la ritirata di una divisione di fanteria tedesca.*

Granatieri SS all'attacco di un villaggio occupato dai sovietici, settembre 1943.

Già nelle prime ore del mattino del 2 settembre 1943, il nemico colpisce con ingenti forze le posizioni confinanti del fianco sinistro. Come già accaduto in precedenza, Hörnicke influisce in modo decisivo all'energica reazione. Muove i reparti facendoli fluttuare in avanti e indietro causando al nemico pesanti perdite in duri combattimenti, per poi ristabilire la vecchia linea principale del fronte. La sua decisiva azione, il suo energico modo di comando e d'intervento, sono stati segnalati positivamente dal comandante generale del IX.Armee-Korps, Generale Schmidt. Grazie al suo deciso intervento, è stato possibile riportare indietro il grosso della 35.Inf.Div. Dopo il rilievo del battaglione, avvenuto nelle ore serali, il nemico irrompe di nuovo sull'ala destra della nostra linea principale difensiva. Hörnicke mette subito a disposizione la sua unità per un contrattacco, che portato con decisione, rigetta il nemico sulle sue linee e per la seconda volta ripristina di fatto, la vecchia linea del fronte. Il nostro comando rimane perplesso nel vedere come questi successi siano stati riportati con un numero minimo di perdite. Dal 5 settembre 1943, il battaglione di Hörnicke è posto in riserva ed è dislocato a nord-est di Kukujevo, nel punto focale dei combattimenti difensivi, che si svolgono a sud della strada Jelnia-Baltutina, dove è situata la 1.SS-Inf.Brigade. Il nemico compie continui attacchi impegnando numerose formazioni di fanteria appoggiate dal fuoco dei mortai e da forze corazzate. Dopo lunghe ore di incessante fuoco, in particolare nel settore dove il nemico ha perso quasi completamente due compagnie, i sovietici attaccano e conquistano la posizione. E' in questo frangente, che il battaglione viene lanciato al contrattacco. Nel duro combattimento corpo a corpo che ne segue, l'SS-Stubaf. Hörnicke è stato sempre alla testa della sua unità, mettendo in mostra la sua esemplare spavalderia e trascinando, nel vero senso della parola, i suoi uomini verso il sacrificio più alto. Il battaglione, condotto in modo esemplare da questo ufficiale, ha permesso la riconquista della vecchia linea principale difensiva, che viene poi tenuta contro ogni ulteriore attacco del nemico, fino al rilevamento da parte della brigata.

SS-Stubaf. Hörnicke.

Granatieri SS impegnati in un rastrellamento, 1943.

Il 21 settembre 1943, l'SS-Inf.Rgt.10, dall'area a nord di Smolensk si sposta di nuovo nel settore di Panskoje lungo la strada Rosslawl-Smolensk, a sud-est della città. Nell'adempimento dell'ordine, i reparti si trovano di fronte l'area meridionale del Dnjepr che è in pratica una palude e rischia di bloccarne i movimenti. Oltre a ciò, le forti piogge cadute nel settore hanno trasformato le strade in enormi pantani. Nonostante questo disagio, il I.Bataillon riesce tempestivamente ad arrivare nel settore di Worschnije-Nemykari, a sud-ovest di Arefino e a mettersi a disposizione. Alle ore 10:00, l'aiutante di campo di un reggimento di fanteria della 35.Inf.Div., ha informato l'SS-Sturmbannführer Hörnicke che nessun soldato tedesco era più presente nel settore orientale della linea e si prospettava l'apertura di un ampio vuoto nella principale linea difensiva. Nel frattempo il fuoco della fanteria nemica si faceva sentire sempre più vicino. Hörnicke va subito con una moto sull'altura vicina e dopo aver osservato il terreno nei dintorni, osserva il nemico che si accinge a occupare la quota 257.1, che domina la parte meridionale di Arefino. Questo avviene senza che sia ostacolato da nessuna parte, mentre sul lato sinistro, i reparti della 35.Inf.Div., che si trovano a destra della strada che conduce alla ferrovia, si stanno muovendo per ritirarsi. L'artiglieria e i Nebelwerfer sono ancora in posizione di fuoco.

Granatieri SS in combattimento, 1943.

Una squadra mortai della *Waffen SS*.

Postazioni difensive SS con mitragliatrici *MG-34*.

Ancora prima che Hörnicke possa radunare i suoi ufficiali e tutta la compagnia sulla posizione, il nemico occupa la quota 257.1 con ingenti forze. Senza perdere anche solo un minuto di tempo, assume il comando e con il suo battaglione e un plotone anticarro rinforzato, di propria iniziativa passa al contrattacco. Con l'appoggio del pesante fuoco dei mortai, avanza e riconquista in parte la quota con il suo battaglione dopo violenti combattimenti ravvicinati. Il nemico sposta, sia a destra sia a sinistra del settore, nuove truppe in ondate successive, sostenute anche dai carri armati, nel tentativo di circondare il battaglione. Dopo circa un'ora e mezzo di combattimenti i reparti tedeschi si vedono costretti a cedere di fronte alla superiorità del nemico. E' in questo momento che l'SS-Sturmbannführer Hörnicke, incita i propri uomini con l'esempio e con la sua personale energia a spingersi ancora in avanti. Lo slancio degli uomini ricaccia il nemico dalla quota infliggendogli pesanti perdite, permettendo così la conquista della posizione per la seconda volta. Subito dopo, riprendono gli attacchi del nemico che però si infrangono contro le posizioni tenute dal battaglione SS.

Granatiere SS e villaggio in fiamme.

SS-Ostuf. **Karl Rubatscher.**

E' stato durante questi combattimenti che Hörnicke è rimasto ferito. Il nemico ha colpito il battaglione anche sui fianchi nel tentativo di farlo arretrare, ma tutti i suoi tentativi sono falliti. Questo successo difensivo ha dato il tempo alla 35.Inf.Div. di raggiungere la posizione di Sosh. Durante le cinque ore di combattimento, il nemico ha perso:

3 carri T-34
3 carri T-26
20 prigionieri
150 caduti più altri ulteriori 100 presunti
3 mitragliatrici pesanti
6 mitragliatrici leggere
10 pistole mitragliatrici
30 Fucili
3 cannoni da 7,62 cm con automezzo di trasporto.

Così l'SS-Sturmbannführer Hörnicke ha contribuito in modo decisivo per due volte di seguito, a bloccare le intenzioni del nemico nel settore occidentale di Jelnja. Con ardite decisioni, alle quali hanno fatto seguito subito le azioni, ha sventato l'intenzione del nemico di colpire le truppe durante i propri spostamenti e di occupare la strada Rosslawl-Smolensk, proprio davanti alle linee delle nostre stesse truppe. Entrambi questi successi sono stati possibili grazie al suo contributo, permettendo il rientro del grosso della 35.Inf.Div.".

Croce di Cavaliere per l'*SS-Ostuf.* Karl Rubatscher

Nel corso della ritirata della *4.Armee*, anche il *I./SS-Inf.Rgt.8* fu impegnato nel coprire il ripiegamento degli altri reparti tedeschi, nella zona di Smolensk: durante i successivi combattimenti difensivi, per arginare i forti attacchi nemici, il *I./SS-Inf.Rgt.8*, oltre a perdere il proprio comandante è rimasto anche tagliato fuori. Fu allora l'aiutante di campo del battaglione, l'*SS-Ostuf.* Karl Rubatscher[12], a prendere il comando e senza perdere tempo, lanciò un contrattacco, riuscendo a bloccare l'avanzata del nemico. Mentre i reparti proseguivano la loro ritirata, il *I./SS-Inf.Rgt.8* rimase circondato dalle forze nemiche. Rimasto senza più collegamenti ma con la determinazione di volersi ricongiungere alle proprie truppe, Rubatscher organizzò un'azione di rottura per portare i suoi uomini fuori dalla sacca. Aprendosi la strada combattendo, i suoi uomini dovettero marciare per circa dieci chilometri, prima di raggiungere le proprie linee. Rubatscher, già decorato con entrambe le classi della Croce di Ferro e della spilla per il combattimento corpo a corpo in argento, fu decorato con la Croce di Cavaliere il 27 dicembre 1943. Leggiamo la raccomandazione: "...l'SS-Obersturmführer *Rubatscher ha iniziato la campagna sul fronte dell'Est, in un plotone e poi come aiutante di campo nel I./SS-Inf.Rgt.8, partecipando a tutte le operazioni del battaglione. Rubatscher, come ufficiale, ha dato in continuazione prova delle sue qualità personali, del suo coraggio e del suo impegno, in tutte le difficili operazioni in cui è stato coinvolto il battaglione. E' stato per tutti gli ufficiali, sottufficiali e uomini, un modello esemplare da seguire.*

Reparto SS asserragliato in un villaggio russo.

Granatieri SS sotto il fuoco nemico.

Un addetto alle trasmissioni della Brigata SS

L'SS-Obersturmführer *Rubatscher si è messo in mostra il 21 settembre 1943, quando il battaglione era stato messo a disposizione per portare un attacco su Cholm. Subito dopo essersi schierato e preparato per l'attacco, il battaglione è stato bloccato ed ha ricevuto l'ordine di stabilirsi su una nuova posizione difensiva a Charinka e di tenere sotto controllo i movimenti del nemico. Nonostante l'ordine superiore, il reparto è riuscito a portarsi solo su una posizione difensiva più arretrata. In seguito alla nuova situazione, il comandante del battaglione ha cercato personalmente di mettersi in contatto con il reggimento, senza però riuscirci. All'alba, il battaglione ha scoperto di aver perso tutti i collegamenti con gli altri reparti...Vista la situazione, Rubatscher ha mandato degli uomini del reparto esplorante a verificare la situazione sul terreno in tutta l'area circostante, per cercare di rilevare le posizioni del nemico. Quando tutti gli uomini del reparto esplorante sono rientrati, l'hanno informato che forti contingenti nemici, si trovavano ormai tutti intorno a loro. Alle 06:30, il nemico ha attaccato la posizione con alcuni veicoli blindati, impegnando subito le armi pesanti del battaglione. Alle 07:30, la fanteria nemica appoggiata da due carri, ha nuovamente attaccato le posizioni del battaglione. Anche questi carri armati sono stati però costretti a ritirarsi, insieme alla loro fanteria. L'SS-Obersturmführer Rubatscher, ha riconosciuto nel corso di questi attacchi, che il battaglione rischiava di finire completamente annientato. Un operatore addetto alle comunicazioni radio, nel frattempo, aveva intercettato un comunicato tra i vari reparti SS nell'area, che comunicava a tutti i soldati di spostarsi da quel settore e di raggiungere la nuova prima linea tedesca che ora si trovava a qualche chilometro a nord-ovest di Charinka. Anche Rubatscher ha dato subito l'ordine ai suoi uomini di muoversi. Tutte le strade erano già controllate dal nemico, quindi il battaglione ha dovuto marciare, con circa 25 veicoli e le armi pesanti, attraverso i campi.*

Un graduato SS incita i suoi uomini ad andare all'assalto.

Granatiere SS.

Mitragliere SS equipaggiato con una *MG-42*, 1943.

La riuscita dell'operazione sembrava quasi impossibile, perché i veicoli si muovevano con estrema difficoltà nel terreno completamente paludoso. Rubatscher decide allora di dividere il battaglione, con due compagnie in testa, una compagnia al centro e le armi pesanti in retroguardia. Gli uomini della compagnia erano esauriti dopo i pesanti combattimenti avvenuti davanti a Jelnja e Duchowschtschina e dopo due giorni di marcia, in seguito alle circostanze avverse, erano ormai

rimasti senza niente da mangiare. La retroguardia è stata attaccata ripetutamente, così come anche gli altri elementi della colonna...Ogni volta che il nemico attaccava, Rubatscher si affrettava a intervenire subito nel settore minacciato e con l'impiego di tutto il personale in armi a disposizione, contrastava con forza ogni tentativo del nemico...

Graduato SS ordina ai suoi uomini di andare all'assalto.

Granatieri SS penetrano in un villaggio russo.

Ormai, sembrava impossibile proseguire la marcia con i veicoli e le armi pesanti e a Rubatscher, è stata fatta più volte la proposta di far saltare i veicoli e i cannoni. L'SS-Obersturmführer Rubatscher ha sempre rifiutato queste proposte perché si rendeva conto che doveva riuscire a riportare le armi pesanti e i veicoli al reggimento. Tutti gli uomini, di fronte al suo esemplare esempio, hanno raccolto le ultime forze per raggiungere le proprie linee. Dopo cinque ore di marcia il battaglione si è avvicinato alla località di Belorushje.

Rubatscher, che marciava in testa alla compagnia, ha rilevato subito che questa località era occupata da ingenti forze nemiche, ma quella era anche l'unica strada da percorrere per arrivare alle nostre linee. Rubatscher, con grande determinazione, ha deciso che solo un colpo fulmineo avrebbe potuto liberare la strada. Ha fatto quindi mettere le armi pesanti in posizione e ha ordinato di aprire il fuoco. Mentre in pochi minuti, il paese era colpito dal fuoco delle armi pesanti, egli passando da plotone a plotone, ha dato ai comandanti degli ordini precisi. Messi in sicurezza i fianchi della compagnia, Rubatscher ha marciato alla testa degli uomini della fanteria ed è entrato per primo nel villaggio. Con quest'azione fulminea ha gettato il nemico nel panico. Dopo un violento combattimento corpo a corpo, chi non era riuscito a fuggire, è rimasto sul campo. Oltre alle pesanti perdite in uomini inflitte al nemico, sono stati catturati venti prigionieri e un grande numero di armi di fanteria. Durante l'attacco, il nemico si era raggruppato nella zona occidentale della località di Kutschino. Questo, presentava una seria minaccia sul fianco del battaglione. Nonostante l'attacco in corso, Rubatscher che aveva identificato il pericolo, ha spostato una compagnia per rinforzare il settore e sferrare un colpo contro l'altura subito fuori dalla posizione di Kutschino. La stessa località di Kutschino è conquistata, infliggendo al nemico pesanti perdite. Si sono contati quaranta nemici morti, venticinque prigionieri sono stati messi al riparo e sono state catturate svariate armi di fanteria. La riuscita dell'eliminazione della minaccia presentatasi sul fianco e la recente conquista del villaggio, ha permesso agli uomini della compagnia di avanzare e di raggiungere la nuova linea principale difensiva, senza ulteriori scontri con i reparti nemici. Il risultato è da attribuirsi solo alle grandi capacità di comando dell'SS-Obersturmführer Karl Rubatscher….".

Ernst Schäfer, con i gradi di *SS-Hauptsturmführer.*

Mitraglieri SS impegnati a difendere la loro posizione.

Croce di Cavaliere per l'*SS-Stubaf.* Schäfer

Ai pesanti combattimenti difensivi della *4.Armee* nel settembre 1943, partecipò naturalmente anche l'*SS-Inf.Rgt.10*, che in base agli ordini ricevuti, mentre si spostava più ad ovest su una nuova posizione, perse il collegamento con il fianco destro della *35.Inf.Div.*, e per ripristinarlo fu chiamato in causa il *III/SS-Inf.Rgt.10*, agli ordini dell'*SS-Stubaf.* Ernst Schäfer. Raccontiamo lo svolgersi degli eventi, attraverso il testo della sua raccomandazione per la Croce di Cavaliere, concessa ufficialmente il 14 ottobre 1943: "*...Durante i pesanti combattimenti per il controllo nel settore orientale della linea stradale Smolensk–Rosslawl, svoltisi nel periodo dal 22 al 24 settembre 1943, l'*SS-Inf.Rgt.10 *era impegnato nel settore della 35.Inf.Div. ed era sistemato sull'ala sinistra della divisione. Quando parte della 35.Inf.Div. si è dovuta ritirare a causa dei pesanti combattimenti sostenuti, un battaglione sovietico è riuscito a insinuarsi e ad aggirare il fianco destro senza che il comandante del battaglione ne fosse stato informato. Verso le 10:00, l'*SS-Stubaf. *Schäfer, scrutando il terreno, ha notato i movimenti del nemico che procedeva con celerità lungo il fianco del battaglione e che lo avrebbe portato in breve alle sue spalle. Di propria iniziativa e senza aspettare* nessun ordine dai comandi superiori, ha scoperto la sua ala sinistra e ha gettato sul lato destro una compagnia fucilieri rinforzata in direzione di Mogdanez. Con queste forze ai suoi ordini, sono state rioccupate due alture importanti. Su una di queste alture, con il comandante della 12.Kp, il suo* *aiutante di campo, un addetto all'amministrazione, tre motociclisti ed un'autista, ha creato la sua posizione di combattimento. Alla testa di queste forze, ha bloccato l'infiltrazione di circa duecento soldati nemici e sessanta cavalieri, appoggiati dal fuoco dei mortai e dall'aviazione, respingendo imperterrito i ripetuti assalti dopo violenti combattimenti. Imbracciando la sua pistola mitragliatrice ha colpito il nemico che avanzava di corsa, costringendolo al suolo anche con le bombe a mano. Due carri armati che avanzavano al seguito, sono stati evitati con destrezza lasciando che passassero rotolando e con la sua manciata di uomini, ha affrontato la fanteria e la cavalleria sovietica che avanzavano gridando 'Hurrà'. Sempre alla testa dei suoi uomini, armati solo con fucili e due mitragliatrici leggere, hanno messo in fuga il nemico. Nel frattempo i due carri armati che erano riusciti a passare erano stati distrutti dalla nostra artiglieria.*

SS-Stubaf. Ernst Schäfer.

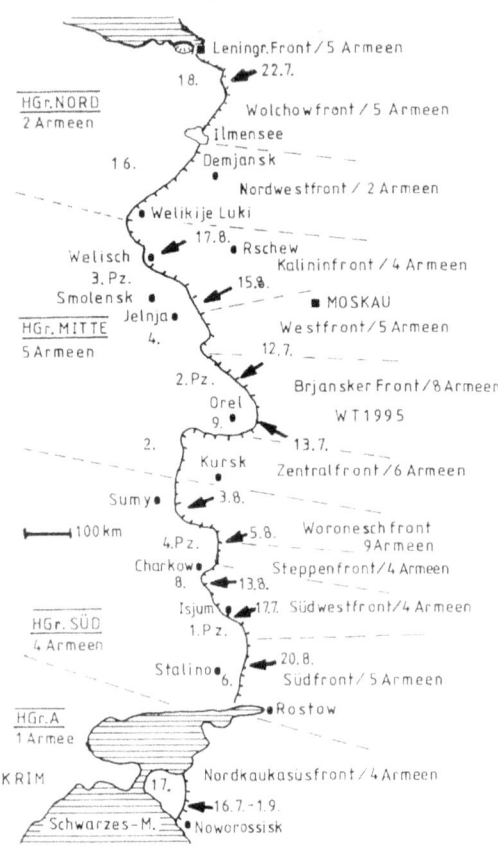

Spostamento della linea del fronte, estate 1943.

Un graduato SS impegnato a scrutare l'orizzonte.

Entrambi i successi sono stati sfruttati subito da Schäfer che con prudenza, dopo la ritirata del nemico, è riuscito a raggruppare entrambe le compagnie del battaglione coprendo un buon tratto di fronte con tutto il suo battaglione.

SS-Staf. **Wilhelm Trabandt.**

Subito dopo, è riuscito a ristabilire il collegamento con l'SS-Inf.Rgt.10, in particolare con il I.Bataillon. Schäfer, è stato l'anima della battaglia: ha lasciato che i fanti bolscevichi e la cavalleria si avvicinassero per poterli colpire con maggiore efficacia con il fuoco dei fucili, delle MG e con le bombe a mano. Le perdite del nemico sono state così pesanti, che ha rinunciato a continuare i suoi attacchi e verso sera tutto si è fermato. Schäfer, che ha tenuto saldamente in mano il comando del battaglione, resistendo tenacemente agli attacchi del nemico, attraverso la sua risolutezza e freddezza, ha consentito al reggimento di stabilire una nuova linea del fronte lungo la linea ferroviaria, che l'SS-Inf.Rgt.10 e la 1.SS-Inf.Brigade hanno tenuto....".

Ancora in ripiegamento

Il 30 settembre, la Brigata SS cominciò ad occupare delle posizioni sulla *Panther-Stellung*, la linea difensiva parzialmente predisposta dai tedeschi tra il lago Peipus e il Mar Baltico, nel settore Nikitino-Weschki, dove fu di nuovo subordinata alla *25.Pz.Gr.Div.* Al 1° ottobre, la Brigata contava 112 ufficiali, 837 sottufficiali e 3.705 soldati. Nel corso dell'ultimo mese, l'unità SS lamentò la perdita di 41 graduati tra ufficiali e sottufficiali e di gran parte del suo armamento pesante. La motorizzazione era assicurata al novanta per cento, considerando i pochi effettivi disponibili. All'inizio del mese di ottobre, l'unità fu aggregata al *XXXIX.Pz.Korps*, sempre in seno alla *4.Armee*, ad ovest di Smolensk.

L'*SS-Staf.* **Wilhelm Trabandt decora alcuni soldati della Brigata con la Croce di Ferro, 1943.**

Nello stesso tempo, l'*Heeresgruppe Mitte* terminò il suo ripiegamento sulla *Panther-Stellung* e la *1.SS-Inf.Brigade* si trovò allora a nord di Lenino. La *4.Armee* doveva difendere le sue posizioni e riuscire ad assicurare il controllo di Orscha. Il 16 ottobre, la Brigata fu trasferita lungo la strada Smolensk-Orscha, nei dintorni di Buroje-Selo. Il 18 ottobre 1943, la Brigata passò agli ordini dell'*SS-Standartenführer* Wilhelm Trabandt, che solo pochi giorni dopo, esattamente il 21 ottobre 1943, fu decorato con la Croce Tedesca in Oro per essersi distinto alla guida dell'*SS-Inf.Rgt.8*. Il 22 ottobre 1943, seguendo la rinumerazione generale di tutti i reparti della *Waffen SS*, i reparti della Brigata non facenti parte dei due reggimenti di fanteria, ricevettero il numero di identificazione '*51*'. Nello stesso tempo, i due reggimenti dell'unità, che già all'inizio di settembre erano stati rinominati come *SS-Grenadier Regiment 8* e *10*, furono rinominati ancora come *SS-Grenadier-Regiment 37* e *38* (*SS-FHA,Amt II,OrgAbt Ia/II,TgbNr. 1574/43 gkdos v. 22.10.1943*).

Decorati della Brigata SS, nel corso della stessa cerimonia (NA)

Nuove reclute per la Brigata SS, con le uniformi da 'fatica', per una seduta di addestramento.

L'*SS-Staf.* Trabandt decora alcuni soldati della Brigata.

A partire dal 24, essa fu subordinata al *XXX.Armee-Korps* (*9.Armee*) per essere impegnata nell'area a sud-ovest di Kritschew. Gli fu aggregato il *Kavallerie-Regiment 'Mitte'*. Il 12 novembre 1943, i due reggimenti SS furono nuovamente 'rinumerati', questa volta come *SS-Grenadier-Regiment 39* e *40* (*SS-FHA,Amt II,OrgAbt Ia/II, TgbNr. II/9542/43 geh. v. 12.11.1943*).

Altra foto per la consegna delle decorazioni.

Nuove reclute della Brigata SS in addestramento.

Fino alla terza settimana di novembre, la Brigata partecipò ai terribili combattimenti difensivi sostenuti dalla *4.Armee* a sud dell'autostrada Minsk-Smolensk. Per essersi distinta positivamente, l'unità SS fu citata per due volte nel comunicato ufficiale della *Wehrmacht*. Alla fine di novembre, la sua struttura di comando era la seguente:

Kommandeur: SS-Staf. Wilhelm Trabandt
SS-Gren.-Rgt 39 (mot.): SS-Stubaf. Heinke[13]
      I.Btl.: SS-Hstuf.d.R. Otto Ertel
      II.Btl.: SS-Stubaf. Harry Wiedemann
SS-Gren.-Rgt 40 (mot.): SS-Staf. Bertling[14]
      I.Btl.: SS-Stubaf. August Dieterichs
      II.Btl.: ?
      III.Btl.: SS-Stubaf. Ernst Schäfer
SS-Artillerie-Abt.51: SS-Stubaf. Hoffmann[15]
SS-Nachrichten-Kp. 51: SS-Ostuf. Fölsing[16]
SS-Kradschützen-Kp. 51: SS-Ostuf. Sonne
SS-Panzerjäger-Kp.51: SS-Ostuf. Düpmann[17]
SS-StuG-Batterie 51: SS-Ostuf. Albert[18]
SS-Flak-Kompanie 51
SS-Feldersatz-Bataillon 51
SS-Sanitäts-Dienst 51
SS-Versorgungs-Truppen 51

Note

[1] Heinrich Sonne, nato il 23 febbraio 1917 a Riga in Lettonia, SS-Nr. 372 400. In precedenza aveva servito nella *Sta. 'Germania'*, nella *15.SS-Tot.Standarte* (1940) e poi fu trasferito al *I./SS-Inf.Rgt.10* (1941).

[2] Eberhard Sander, nato il 28 maggio 1920 a Berlino, SS-Nr. 365 578. In precedenza aveva servito nella *15./SS-Inf.Rgt. 'Nordland'* (1941).

[3] Karl-Heinz Schrader, nato il 24 settembre 1921 a Weferlingen, SS-Nr. 393 335. Militava nell'*SS-Inf.Rgt.8* fin dal 1941. Cadde in combattimento il 15 settembre 1943.

[4] August-Wilhelm Trabandt, nacque il 21 luglio 1891 a Berlino nel quartiere di Spandau. Partecipò alla Prima Guerra Mondiale, meritandosi entrambe le classi della Croce di Ferro ed il distintivo per i feriti. Nel maggio 1936 entrò nelle *SS-VT* (SS-Nr. 218 852), servendo inizialmente nel *I./Sta. Deutschland*. All'inizio della guerra, assunse il comando del *III./LSSAH*, prendendo parte alla campagna di Polonia, alla fine della quale gli furono riconfermate entrambe le classi della Croce di Ferro. Dopo la campagna di Francia, fu accusato di aver trafugato ingenti quantità di vino francese, per cui fu messo a riposo prima di essere trasferito alla *1.SS-Inf.Brigade (mot.)*, dove nel marzo del 1943, assunse il comando dell'*SS-Inf.Rgt.8*. Fu decorato con la Croce Tedesca in Oro il 21 ottobre 1943 e con la Croce di Cavaliere il 6 gennaio 1944.

[5] August Dieterichs, nato il 29 giugno 1903 a Cheinitz, SS.Nr. 257 500. Militò inizialmente nella *Leibstandarte Adolf Hitler* fin dal 1934, ottenendo il comando della *8.Kompanie* nel settembre del 1939 con il grado di *Haupsturmführer*. Successivamente servì come comandante di battaglione nella *1.SS-Infanterie-Brigade (mot)*.

[6] Harry Wiedemann, nato il 16 dicembre 1909 a Potsdam, SS-Nr. 48 384. Servì dal 1933 nella *Leibstandarte*, poi nel 1935 fu trasferito al *I./Sta. 'Germania'*, poi al *III./Sta. 'Germania'* (1936) per poi diventare aiutante di quest'ultimo battaglione (1937). Comandò in seguito la *11./Germania* (1940), prima di diventare capo di stato maggiore (*Ia*) nella *1.SS-Inf.Brigade* (1941).

Nuove reclute della Brigata, con le uniformi di ordinanza, in addestramento, autunno 1943.

[7] Michael Lippert, nato il 24 aprile 1897 a Schönwald, SS-Nr. 2 968. In precedenza aveva servito al comando del *II./Tot.Inf.Rgt.2* (1940), della *Frw.Leg. 'Flandern'* (1942) e del *III./SS-Inf.Rgt.10*.

[8] Werner Hörnicke, nato il 9 marzo 1907 a Dresda, SS-Nr. 126 366. Servì in precedenza al comando della *2./SS-Inf.Rgt.8* prima di assumere la guida del *I./SS-Inf.Rgt.10*.

[9] Ernst Schäfer, nato il 16 dicembre 1912 a Neuruppin in Pomerania, entrò nel luglio del 1934 nella Leibstandarte Adolf Hitler come *SS-Mann*. In seguito fu trasferito nell'*SS-Inf.Rgt.10*, integrato nella *1.SS.Inf.Brigade*, con la quale partecipò alle operazioni sul fronte dell'Est prima come comandante della *4.Kompanie* dello stesso reggimento e poi del *III.Bataillon*. Il 14 ottobre 1943, Schäfer fu decorato con la Croce di Cavaliere come comandante *del III./SS-Inf.Rgt. 10 (mot.)/1.SS-Inf.Brig. (mot.)*.

[10] Walter Behn, nato il 15 settembre 1909 a Schiffbek, SS-Nr. 207 596. in precedenza aveva servito nella *1./Nachr.Abt. 'Polizei'* e poi al comando della stessa compagnia.

[11] Herbert von Obwurzer, nato il 23 giugno 1888 a Innsbruck, SS-Nr. 430 417. Vecchio ufficiale dell'esercito austro-ungarico, in precedenza aveva comandato l'*SS-Geb.Jg.Rgt.11* (1942) e la *13.Waffen-Geb.Div. d.SS* (1943).

[12] Karl Rubatscher, nato il 23 dicembre 1912 a Vienna, SS-Nr. 80 379. Era stato in precedenza, nella *8.SS-Tot.Standarte* e nell'*SS-Inf.Ers.Btl. 'Ost'*.

[13] Heinrich Heinke, nato il 2 febbraio 1912 a Plauen, SS-Nr. 47 024. In precedenza aveva servito nella *11./LSSAH* (1936), al comando della *5./Tot.Inf.Rgt.3* (1939), della *3./SS-Inf.Rgt.8* (1942) e del *I./SS-Inf.Rgt.8* (1942).

[14] Heinz Bertling, nato il 20 ottobre 1898 a Kiel, SS-Nr. 60 258. In precedenza aveva servito al comando del *I./Sta. 'Deutschland'* (1938) e del *Tot.Inf.Rgt.2* (1940).

[15] Karl Hoffmann, nato il 18 gennaio 1909 a Hannover, SS-Nr. 1 323. In precedenza aveva servito come *Adj.II./Inf.Rgt.11* (1941), nella *13./Der Führer* (1941) e al comando della *5./SS-Kradsch.Btl.2* (1942).

[16] Friedrich Fölsing, nato il 26 luglio 1906 a Brühl, SS-Nr. 463 733.

[17] Walter Düpmann, nato il 27 agosto 1919 a Haslach, SS-Nr. 72 379. In precedenza aveva servito nella *14./Sta. 'Deutschland'* (1939) e nella *14./SS-Inf.Rgt.7* (1941).

[18] Helmut Albert, nato il 3 ottobre 1917 a Braunschweig, SS-Nr. 391 865. In precedenza aveva servito nella *5./Sta. 'Germania'* (1939), nella *1./SS-Aufkl.Abt.6* (1942) e al comando della *SS-Stu.Gesch.Bttr.6* (1943).

SS-Kampfgruppe 'Wiedemann'

Reparti della Brigata SS in marcia.

Un ufficiale della Brigata con le nuove reclute.

Alcuni cannoni d'assalto della Brigata in movimento.

Dopo i combattimenti difensivi lungo la Rollbahn ad ovest di Smolensk, dal 16 ottobre al 24 novembre 1943 e la battaglia a sud-ovest di Kritschen per contenere la penetrazione sovietica tra il *LV.Armee-Korps* e il *XXXXI.Armee-Korps* ad ovest di Propoisk, la *1.SS-Inf.Brigade* fu ritirata dal fronte e raggruppata ad Ugly, a sud di Bobruisk. Nel frattempo dei forti elementi sovietici avevano attraversato la Beresina e proseguirono lungo il fiume verso nord-ovest, in direzione di Paritschi, aggirando così il fianco destro della *9.Armee*. In ragione di questa situazione critica, il 2 dicembre, la Brigata ricevette l'ordine di rinforzare la testa di ponte di Ugly e di lanciare delle pattuglie in direzione di Paritschi. Poiché il grosso della Brigata fu messo a riposo nel campo di Bobruisk, nell'attesa di essere trasferita a Stablack in Prussia Orientale, solo un *Kampfgruppe* fu messo a disposizione per questa missione. Posto agli ordini dell'*SS-Stubaf.* Harry Wiedemann, quest'ultimo era formato dai seguenti elementi:

Kgr.-Stab. (resti dello *Stab SS-Gren.Rgt.39*)
SS-Gren.Btl. *'Prohaska'* (resti dell'*SS-Gren.Rgt.39*)
13.(IG)Kp./SS-Gren.Rgt.39
14.(Pak)Kp./SS-Gren.Rgt.39
schw.SS-Pz.Jg.Kp.51
SS-Nachr.Kp.51

Un cannone leggero di fanteria (*le.IG.18*), autunno 1943.

Testa di ponte di Ugly, dicembre 1943: un *SS-Rottenführer* dell'*SS-Kampfgruppe Wiedemann*, prepara munizioni per una *MG-34*.

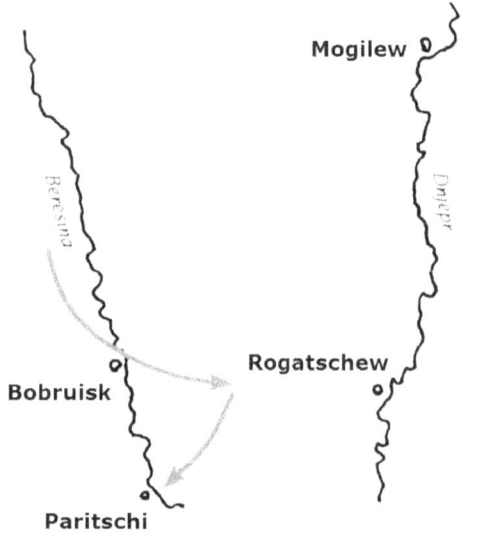

Zona operativa della Brigata, inverno 43-44.

Nachr.Zug/SS-Gren.Rgt.39
Kradschtz.Zug/SS-Gren.Rgt.39
SS-Flakkampftrupp 'Bachler'
SS-Fla-Kp.51
Pi.-Zug/SS-Gren.Rgt.39
SS-Art.-Abt.51 (tranne la 2.*Batterie*)

Dal 3 dicembre, le colonne del *Kampfgruppe* raggiunsero Slowin, sulla Beresina. L'ordine era di difendere la testa di ponte di Stassewka, lungo la linea Borowaja – Bankowo – Korolewskaja - Ssloboda. Il 4 dicembre, il gruppo da combattimento fu rinforzato da una *SS-Jäger-Alarm-Kompanie*, proveniente dal deposito viveri di Bobruisk. Questa unità comprendeva un ufficiale, cinque sottufficiali e sessantatré soldati. Oltre a difendere le sue posizioni, il *Kampfgruppe* doveva ugualmente lanciare delle operazioni per debellare le bande partigiane presenti nel settore. A tal scopo, il 17 dicembre, furono inviate delle pattuglie in direzione di Jaswenzy, Kosy e Tumarowka. Il giorno dopo, furono lanciate altre ricognizioni verso Budischtsche.

Il 19 dicembre, il *Kampfgruppe*, passato alle dipendenze del *XLI.Pz.Korps*, attaccò verso sud-est e conquistò i ponti a Tumarowka e Medwednja. Fino al 21 dicembre, furono lanciate alcune azioni offensive verso sud, prendendo d'assalto Knyschewitschi, la penisola di Jsbischtsche, a Gomsa e Dubrowa.

A partire dal 20 dicembre, fu stabilita una nuova linea difensiva tra le località di Kowtschizy e Moshne, dopo aver annientato un intero battaglione di fanteria sovietico. Il giorno dopo, il *Kampfgruppe* proseguì i suoi assalti in direzione di Gomsa.

Un *SS-Untersturmführer* ispeziona le armi dei suoi uomini in una trincea situata in prima linea.

All'interno di un *bunker* del *Kampfgruppe Wiedemann*, un graduato ascolta i rapporti di alcuni sottufficiali.

Dal 21 dicembre, questi assalti si spostarono verso Bogdanow nel quadro dell'offensiva lanciata dal *XLI.Pz.Korps* (*9.Armee*) e dal *LVI.Pz.Korps* (*2.Armee*), destinata a ridurre il saliente di Kobilchina. Nella notte del 22 dicembre, dopo essersi battuto a Gorowitsche, il *Kampfgruppe* continuò la sua avanzata verso ovest, conquistando la posizione di Dobrowka. Subito dopo, i reparti SS furono impegnati a chiudere una breccia aperta dai sovietici nell'area di Seretschje e con l'aiuto di elementi della *16.Panzer-Division*, fu conquistata la posizione di Wiellikij-Bor. I reparti SS restarono sulle posizioni raggiunte fino a Natale. Il 29 dicembre 1944, il *Kampfgruppe Wiedemann* fu ritirato dal fronte per essere trasferito al campo di Stablack, in Prussia Orientale, dove fu disciolto. I superstiti del *Kampfgruppe* insieme ai resti della Brigata SS, furono trasferiti prima in Croazia e poi in Ungheria. L'unità SS fu subordinata nell'occasione all'*OB 'Südost'*.

La 18ª divisione SS 'Horst Wessel'

Il 25 gennaio 1944, l'*SS-FHA* ordinò che la Brigata fosse trasformata in una nuova divisione SS, la *18.SS Freiwilligen-Panzergrenadier-Division 'Horst Wessel'*, il cui comando fu assegnato sempre all'*SS-Staf.*

Trabandt, che nel gennaio del 1944 era stato decorato con la Croce di Cavaliere per l'esemplare condotta dei reparti della Brigata SS in combattimento.

SS-*Staf.* Wilhelm Trabandt

Gennaio 1944, l'SS-*Staf.* Trabandt ispeziona i reparti della Brigata.

Altra foto di Trabandt che ispeziona i reparti della Brigata, forse in occasione della sua trasformazione in una divisione SS.

Harry Wiedemann

Croce Tedesca in Oro per l'SS-*Stubaf.* Harry Wiedemann

Il 16 gennaio 1944, l'SS-*Stubaf.* Wiedemann fu decorato con la Croce Tedesca in Oro, per essersi distinto prima nei combattimenti nell'area di Smolensk e poi alla testa dell'omonimo *Kampfgruppe*. Leggiamo la raccomandazione scritta dall'SS-*Staf.* Trabandt:

"....1) Il 22 settembre 1943, il reggimento, rinforzato con elementi dell'SS-Gren.Rgt 10 (prima SS-Inf.Rgt.10), ora Kampfgruppe Wiedemann, *viene dislocato nel settore meridionale di Smolensk, con l'ordine di compiere un attacco per contenere l'avanzata nemica. La situazione, che Wiedemann si trova a Panskoje, non è assolutamente chiara. I sovietici hanno penetrato la linea difensiva in differenti punti con ingenti forze e ora avanzano verso ovest. Il compito del* Kampfgruppe, *è di bloccare i movimenti nemici con un attacco e preparare una linea di difesa intorno alla breccia aperta. Wiedemann si è affrettato a esplorare il settore affidatogli, poi, ha disposto sul campo i battaglioni che aveva a sua disposizione. Durante la presa di possesso del settore, il nemico ha continuamente disturbato i movimenti dei reparti con l'aviazione.*

Un *SS-Unterscharführer* **recupera delle armi, da soldati sovietici caduti in combattimento, davanti alle trincee occupate dall'***SS-Kampfgruppe Wiedemann***, autunno 1943.**

Da questa posizione, Wiedemann ha iniziato l'attacco che gli era stato ordinato e che inizialmente ha prodotto buoni risultati. Un ordine successivo, gli ha imposto di interrompere l'operazione, poiché sia a destra sia a sinistra del suo schieramento, il nemico aveva penetrato il fronte e minacciava di accerchiare tutto il Kampfgruppe. *Per evitare che ciò accadesse, Wiedemann organizza il suo gruppo da combattimento, in maniera che durante la notte, di soppiatto, possa ritirarsi ed evitare l'accerchiamento.*

2) Il 23 settembre 1943, l'SS-Stubaf. Wiedemann riceve l'incarico, di tornare sulla linea del fronte, raggruppando tutti i reparti che incontra nel settore e di formare una nuova linea principale di combattimento con questi uomini ed il proprio reggimento, lungo la strada Rosslawl-Smolensk (nei pressi di Ssemjatlino). Con questi ordini, l'SS-Sturmbannführer Wiedemann si è mosso con una certa rapidità, tanto che in poche ore è riuscito a creare una linea di resistenza con i più disparati reparti, compresi anche dei Panzer che collaborano a respingere gli attacchi dei sovietici.

Due foto scattate sulle posizioni occupate dai reparti dell'*SS-Kampfgruppe Wiedemann*, 1943.

Un *SS-Obersturmführer* della Brigata giunto a collaborare con gli osservatori dell'artiglieria dell'esercito, per coordinare il fuoco di appoggio.

Un consistente attacco, che il nemico ha portato contro il debole punto di collegamento tra i reparti, condotto con l'appoggio di numerosi carri, ha costretto l'SS-Sturmbannführer Wiedemann, a prendere rapide decisioni. Lo spostamento nel settore minacciato di personale dell'esercito e di reparti fucilieri motociclisti, ha permesso di bloccare la penetrazione e respingere i successivi tentativi del nemico di sfondare il fronte. Dopo aver subito pesanti perdite nel corso dei combattimenti, il nemico ha interrotto gli attacchi.

Cannone d'assalto dell'*SS-Kampfgruppe*.

3) Un plotone in transito nel settore meridionale di Smolensk è stato integrato nel reggimento che è sotto il comando di Wiedemann, ed è stato sistemato lungo una linea difensiva intermedia. A causa del cattivo tempo, le strade sono trasformate in un pantano e impediscono i movimenti dei mezzi. L'insistenza degli attacchi nemici sulla linea principale di combattimento intermedia alla fine danno i loro risultati e il nemico riesce a prenderne possesso. Le armi pesanti della fanteria, che erano sistemate lungo la stessa linea intermedia, durante questi combattimenti ravvicinati, hanno rischiato di andare perdute. Anche i Panzer *e l'artiglieria si sono dovuti ritirare, percorrendo la strada che conduce a Smolensk. Nel frattempo, la spinta del nemico lo ha portato in avanti, fino a giungere a pochi metri dall'autostrada, che è l'unica strada utilizzabile con queste condizioni meteorologiche. Wiedemann, dopo aver valutato il disastro che il nemico avrebbe causato, se avesse raggiunto e preso possesso dell'importante arteria autostradale, ha rastrellato quanti più uomini possibili e ha creato una linea difensiva tra la strada e il nemico. Per quest'operazione, Wiedemann che aveva radunato gli uomini del reggimento che si stavano ritirando in disordine, ha chiesto anche l'appoggio di tre* Panzer *tedeschi che in quel momento transitavano nel settore. Una volta raggruppati tutti i reparti, li ha condotti all'attacco con estrema decisione, superando la vecchia linea del fronte e occupando la zona minacciata.*

L'*SS-Sturmbannführer* Wiedemann, al centro, con alcuni ufficiali del suo *Kampfgruppe*, 1943.

Granatieri SS in combattimento.

In quest'occasione, un intero stato maggiore di un battaglione nemico è stato catturato. Sono stati contati ottantacinque nemici caduti e sono stati fatti trentaquattro prigionieri. Numerose mitragliatrici leggere e pesanti, pistole mitragliatrici, fuciloni anticarro, fucili e munizioni sono cadute in nostro possesso. Grazie a questo attacco, è stato possibile alleggerire la pressione nemica sui vari settori, a sud, a est e a ovest di Smolensk.

4) Il 28 settembre 1943, il reggimento sotto il comando di Wiedemann, si è spostato sul fianco destro del settore occidentale di Sswerowitschi, che era rimasto scoperto. All'alba, il nemico era avanzato già con le sue avanguardie fino alle nostre posizioni di prima linea. Durante la mattina, il nemico si è cimentato per ore, mandando all'attacco un reparto dietro l'altro, nel tentativo di strapparci la posizione. I vari tentativi nemici sono stati tutti vanificati, anche se con estrema difficoltà, vista la mancanza, da parte nostra, del fuoco dell'artiglieria. Quando il nemico ha scoperto che il nostro fianco destro era completamente sguarnito, ha fatto scattare il suo attacco, impegnando circa duemila uomini, tra cui un reparto di cavalleria. Contemporaneamente ha spinto in avanti un altro gruppo rinforzato in direzione ovest. L'SS-Stubaf. Wiedemann ha fatto spostare le proprie armi pesanti di supporto alla fanteria e le ha dirette sul fianco del nemico unitamente al plotone fucilieri motociclisti del reggimento. L'attacco portato contro il nemico, è però proseguito solo finché è stato possibile, cioè quando sono state individuate nuove truppe fresche nemiche, che giungevano di rinforzo alle loro truppe in difficoltà.

Un cannone d'assalto del *Kampfgruppe Wiedemann*, pronto a entrare in azione.

5) Il 23 ottobre 1943, il reggimento ha ricevuto l'ordine di occupare una posizione cinquecento metri dietro alla principale linea difensiva, dove un forte contingente di truppe nemiche aveva occupato la strada e la ferrovia a est di Orscha. Il nemico, favorito dal buio e dalla fitta nebbia bassa al suolo, era riuscito a sfondare sul fianco sinistro e con un reparto era riuscito ad avanzare verso ovest sorprendendo la posizione di artiglieria, cinque chilometri dietro alla principale linea difensiva e ora tentava di circondare il reggimento tedesco... Dopo un attento studio della situazione, l'SS-Sturmbannführer Wiedemann ha spostato la riserva del reggimento e il plotone fucilieri motociclisti a protezione del lato settentrionale. Questo spostamento ha permesso di bloccare così l'avanzata del nemico e ha fatto fallire anche i suoi successivi attacchi. Tutto ciò è avvenuto grazie all'esemplare comportamento di tutti gli uomini del reggimento. In quest'occasione il nemico ha subìto delle perdite così pesanti da dover interrompere i suoi attacchi contro il reggimento SS.

6) Tra il 19 e il 24 dicembre 1943, l'SS-Stubaf. Wiedemann ha guidato il Kampfgruppe *della* 1.SS-Inf-Brigade (mot.). *Sebbene la truppa riesca ancora a marciare, è completamente esausta dopo i pesanti combattimenti sostenuti nei mesi passati; era entrata a Gomsa, era avanzata su Gorochowttschi, aveva partecipato al sorprendente ingresso a Dubrowa e l'aveva difesa strenuamente, tutto questo sempre sotto il determinato comando di Wiedemann. Quando la 16.Pz.Div. è entrata, per un breve periodo a Dubrowa, parte della testa di ponte di Saretschje è stata fatta retrocedere...Quando anche l'ultimo reparto è stato ritirato e la posizione è stata completamente rilevata, Wiedemann ha comandato alla truppa appena arrivata di prepararsi, con grande determinazione, per un nuovo attacco. Spronati dall'esempio personale e dall'incitamento di Wiedemann, con il primo attacco gli uomini hanno ricacciato indietro il nemico, poi con il secondo, sferrato subito dopo e portato avanti con combattimenti ravvicinati, hanno conquistato Welikij-Bor.*

Gennaio 1944, reparti della Brigata schierati, per essere ispezionati dall'*SS-Staf.* **Trabandt.**

Durante quest'attacco sono stati catturati: 3 Pak da 3,7 cm, 4 Pak da 4,5 cm, 8 mitragliatrici pesanti, numerose mitragliatrici leggere, 2 fuciloni anticarro, una quantità svariata di fucili e mine e 8 prigionieri. Inoltre sono stati contati sul terreno 205 caduti nemici su 350 stimati. Nelle ultime azioni di combattimento, il Kampfgruppe della 1.SS-Inf.Brigade (mot.), non ha evidenziato nessun calo nelle prestazioni sul campo, anzi ha dimostrato di poter combattere ancora validamente. Questo comportamento, al momento della fine del suo impiego, ha fatto in modo che siano state espresse molte considerazioni favorevoli e di approvazione nei riguardi della brigata. Si sono potuti avere questi straordinari risultati, grazie anche all'impegno personale profuso sul campo dall'SS-Stubaf. Wiedemann".

Ufficiali della Brigata schierati nel corso della stessa cerimonia.

Da sinistra, l'*SS-Hstuf.* Paul Liebermann, L'*SS-Staf.* Trabandt e l'*SS-Ostuf.* Sonne

Informazioni sull'unità

Denominazione dell'unità

SS-Brigade (mot.)	aprile 1941
1.SS-Brigade (mot.)	aprile 1941- agosto 1941
1.SS-Infanterie-Brigade (mot.)	settembre 1941-gennaio 1944

Denominazione dei reggimenti

SS-Totenkopf-Standarte 8, 10	11 novembre 1939
SS-Infanterie-Regiment 8., 10. (mot.)	25 febbraio 1941
SS-Grenadier-Regiment 8, 10	1° settembre 1943
SS-Grenadier-Regiment 37, 38	22 ottobre 1943
SS-Grenadier-Regiment 39, 40	12 novembre 1943

Comandanti della Brigata

SS-Brigadeführer Karl Demelhuber	24 aprile 1941 – 25 maggio 1941
SS-Brigadeführer Friedrich-Wilhelm Krüger	25 maggio 1941 – 25 giugno 1941
SS-Brigadeführer Richard Herrmann	25 giugno 1941 – 25 novembre 1941
SS-Brigadeführer Wilhelm Hartenstein	25 novembre 1941 – 4 luglio 1942
SS-Brigadeführer Karl von Treuenfeld	4 luglio 1942 – 3 dicembre 1942
SS-Oberführer Karl Herrmann (m.d.F.b.)	3 dicembre 1942 – 29 dicembre 1942
SS-Brigadeführer Fritz von Scholz	29 dicembre 1942 – 21 giugno 1943
SS-Brigadeführer Karl Herrmann	21 giugno 1943 – 15 settembre 1943
SS-Standartenführer von Obwurzer (m.d.F.b.)	15 settembre 1943 – 18 ottobre 1943
SS-Standartenführer Wilhelm Trabandt	18 ottobre 1943 -

m.d.F.b. = *mit der Führung beauftragt*: temporaneamente incaricato del comando.

SS-Obf. Fritz Freitag.

Comandanti di reparto
(in successione cronologica)

Ia: *SS-Ostubaf.* Paul Geißler, *SS-Hstuf.* Harro With, *SS-Hstuf.* Joachim Ruoff, *SS-Hstuf.* Wittenberg, *Oberstleutnant* Fritz Freitag, *SS-Hstuf.* Harry Wiedemann, *SS-Hstuf.* Herbert Wachsmann, *SS-Hstuf.* Ludwig Weber, *SS-Stubaf.* Josef Karl, *Major* Wulff

01: *SS-Ostuf.* Walter Frank

Ib: *SS-Stubaf.* Wachsmann, *SS-Hstuf.* Kurt Albohn, *SS-Stubaf.* Karl, *SS-Ostuf.* Heinrich Barner

Ic: *SS-Ostuf.* Ekkehard Eckert

L'*SS-Standartenführer* **Erwin Tzschoppe**, comandante dell'*SS-Infanterie-Regiment 8*, dal febbraio al settembre 1942.

Soldati della Brigata SS con un prigioniero.

IIa: *SS-Hstuf.* Erdmann, *SS-Hstuf.* Schmorell, *SS-Stubaf.* Karl, *SS-Ostuf.* Schölzel, *SS-Ostuf.* Bräcker

02: *SS-Hstuf.* Karl

III: *SS-Stubaf.* Dr. Erich Klahre, *SS-Ustuf.* Hans Paegel

IVa: *SS-Hstuf.* Erich Heinrich, *SS-Hstuf.* Hans-Michael Schottes

IVb: *SS-Ostubaf.* Dr.Hans Schlosser, *SS-Staf.* Dr. Horst Jencio, *SS-Stubaf.* Dr. Karl Knapp, *SS-Staf.* Dr Eckhardt

IVd: *SS-Ostuf.* Dr Hohl

Apothecker: *SS-Hstuf.* Egger

V: *SS-Stubaf.* Brack, *SS-Stubaf.* Franz

Nachrichtenführer: *SS-Stubaf.* Klahre, *SS-Hstuf.* Beisch

VI: *SS-Ustuf.* Walter Ranneberger

SS-Inf.Rgt.8: *SS-Staf.* Hans-Wilhelm Sacks, *SS-Staf.* Hierthes, *SS-Ostubaf.* Robert Kistler, *SS-Staf.* Erwin Tzschoppe, *SS-Staf.* Werner Döffler-Schuband, *SS-Ostubaf.* Trabandt, *SS-Stubaf.* Heinke, *SS-Stubaf.* Dieterichs, *SS-Stubaf.* Wiedemann

I.Bataillon: *SS-Stubaf.* Schleifenbaum, *SS-Stubaf.* Max Gebhardt, *SS-Stubaf.* Zeitler, *SS-Hstuf.* Liebermann, *SS-Stubaf.* Massell, *SS-Stubaf.* Heinke, *SS-Hstuf.* Karl Rubatscher

II.Bataillon: *SS-Ostubaf.* Erwin Tzschoppe, *SS-Stubaf.* Harry Wiedemann, *SS-Hstuf.* Gilhofer, *SS-Hstuf.* Liebermann

III.Bataillon: *SS-Ostubaf.* Reitz, *SS-Hstuf.* Zeitler, *SS-Hstuf.* Schumacher

SS-Inf.Rgt.10: *SS-Staf.* Werner Ballauf, *SS-Ostubaf.* Carl Sattler, *SS-Stubaf.* Kummer, *SS-Ostubaf.* Sator, *SS-Staf.* Karl Herrmann, *SS-Staf.* Heinz Bertling, *SS-Staf.* Lippert, *SS-Staf.* Herbert von Obwurzer, *SS-Stubaf.* Werner Hörnicke

I.Bataillon: *SS-Ostubaf.* Rudolf Kistler, *SS-Hstuf.* Schmorell. *SS-Hstuf.* Dieterichs, *SS-Stubaf.* Hörnicke, *SS-Hstuf.* Riepe

II.Bataillon: *SS-Hstuf.* Strathmann, *SS-Ostubaf.* Erwin Tzschoppe, *SS-Stubaf.* Ernst Schäfer

SS-Staf. **Heinz Bertling.**

III.Bataillon: *SS-Stubaf.* Kummer, *SS-Hstuf.* Helmut Kopff, *SS-Ostubaf.* Michael Lippert

sFH.-Bttr./1.SS-Inf.Brigade: *SS-Hstuf.* Josef Charwat, *SS-Ustuf.* Luther

SS-Nachr.-Kp. : *SS-Stubaf.* Gutjahr, *SS-Hstuf.* Moser, *SS-Ostuf.* Reimann, *SS-Hstuf.* Behn, *SS-Ostuf.* Fölsing

SS-Kradsch.-Kp. : *SS-Hstuf.* Hörnicke, *SS-Ostuf.* Sonne

SS-Flak-Bttr. : *SS-Hstuf.* Bergemann, *SS-Ustuf.* Bachler

SS-Pz.Jg.-Kp. : *SS-Hstuf.* Eigler, *SS-Ostuf.* Düpmann

SS-StuG.-Bttr.51: *SS-Ostuf.* Albert

SS-Art.-Abt. : *SS-Stubaf.* Hoffmann

SS-San.Kp. : *SS-Hstuf.* Dr Buchsteiner

SS-Staf. **von Obwurzer.**

Soldati della Brigata in addestramento con uniformi da 'fatica'.

Lavaggio di un'auto della Brigata SS, in un fiume in Bielorussia.

Un decorato con la EKII.

Insegna veicoli

Una spada inclinata, usata anche come insegna 'ufficiale' dell'unità

Diario di guerra

Periodo	Corpo d'armata	armata	Heeresgruppe	Zona operativa
Aprile-luglio 1941	Kommandostab Reichsführung-SS			-
Agosto-Ottobre 1941	Impiego nelle retrovie del		Süd	Russia
Nov.-Dicembre 1941	Impiego nelle retrovie del		Mitte	Russia
Gennaio 1942	LV	-	Mitte	Kursk
Febbraio-Marzo 1942	-	6.Armee	Süd	Bjelgorod
Aprile-Agosto 1942	LV	-	Mitte	Voronez
Sett.-Dicembre 1942	-	-	-	-
Gennaio-Agosto 1943	LIX	3.Pz.Armee	Mitte	Velikje-Luki
Sett.-Novembre 1943	XXXIX	4.Armee	Mitte	Orscha
Dicembre 1943	XXXV	9.Armee	Mitte	Bobruisk
Gennaio-Febbraio 1944	XLI.Pz	9.Armee	Mitte	Bobruisk

Squadra mortai della Brigata in una trincea.

Postazione del *Kampfgruppe Wiedemann*.

Arrivo di nuove reclute alla Brigata SS.

Effettivi Brigata

Dicembre 1941	5.950
Dicembre 1942	6.135
Luglio 1943	6.395
Settembre 1943	4.654
Dicembre 1943	4.125

Soldati della Brigata SS in addestramento.

Soldati della Brigata schierati.

Decorati con la Croce di Cavaliere

⚡ Ernst Schäfer, il 14 ottobre 1943 come *SS-Sturmbannführer* e *Kdr III./SS-Gren.Rgt 10*

⚡ Werner Hörnicke, il 1° dicembre 1943 come *SS-Sturmbannführer d.R.* e *Kdr I./SS-Gren.Rgt 10*

⚡ Heinrich Sonne, il 10 dicembre 1943 come *SS-Obersturmführer* e *Chef SS-Kradschtz.-Kp.51*

⚡ Karl Rubatscher, il 27 dicembre 1943 come *SS-Obersturmführer* e *Adjutant I./SS-Gren.Rgt 39*

⚡ Wilhelm Trabandt, il 6 gennaio 1944 come *SS-Standartenführer* e *Führer 1.SS-Inf.Brig. (mot)*

Decorati con la Croce Tedesca in Oro

⚡ Willi Braun, il 23 febbraio 1943, come *SS-Obersturmführer* e *Chef 4./SS-Inf.Rgt. 8*

⚡ August Dieterichs, il 15 dicembre 1943, come *SS-Stubaf.* e *Kdr. SS-Gren.Rgt. 39*

⚡ Herbert Effenberger, l'8 novembre 1943, come *SS-Hstuf.* e *Chef 3./SS-Gren.Rgt. 39*

⚡ Otto Ertel, il 17 novembre 1943, come *SS-Hauptsturmführer* nella *1./SS-Gren.Rgt. 39*

⚡ Heinrich Heinke, il 15.12.1943, *SS-Sturmbannführer* e *Kdr. I./SS-Gren.Rgt. 39*

⚡ Karl Herrmann, il 14 settembre 1943, come *SS-Brigadeführer* e *Kdr. 1.SS-Inf.Brig.(mot)*

⚡ Alois Jakobi, l'8 novembre 1943, come *SS-Oberscharführer* nella *6./SS-Gr.Rgt. 39*

⚡ Theodor Lessle, il 17 novembre 1943, come *SS-Hauptscharführer* nella *3./SS-Gren.Rgt. 39*

⚡ Arno Liebenau, il 13 febbraio 1944, come *SS-Obersturmführer* e *Chef 2./SS-Gren.Rgt. 39*

⚡ Paul Liebermann, il 21 novembre 1943, come *SS-Hauptsturmführer* e *Chef 2./SS-Gren.Rgt. 39*

⚡⚡ Kurt Prochaska, il 5 dicembre 1943, come *SS-Hauptsturmführer* e *Chef 12./SS-Gr.Rgt. 39*

⚡⚡ Julius Riepe, il 13 febbraio 1944, come *SS-Hauptsturmführer* e *Fhr. I./SS-Gren.Rgt. 40*

⚡⚡ Franz Stacher, il 6 gennaio 1944, come *SS-Unterscharführer* nella *3./SS-Gren.Rgt. 39*

⚡⚡ Herbert Teufel, il 16 gennaio 1944, come *SS-Obersturmführer* e *Chef 10./SS-Gren.Rgt. 40*

⚡⚡ Wilhelm Trabandt, il 21 ottobre 1943, come *SS-Sturmbannführer* e *Kdr. SS-Gren.Rgt.39*

⚡⚡ Georg Urbani, il 16 gennaio 1944, come *SS-Obersturmführer* e *Chef 9./SS-Gren.Rgt. 40*

⚡⚡ Anton Weingartz, il 16 gennaio 1944, come *SS-Oberscharführer* nella *11./SS-Gren.Rgt. 40*

⚡⚡ Harry Wiedemann, il 16 gennaio 1944, come *SS-Sturmbannführer* e *Kdr. SS-Gren.Rgt. 39*

Messa in posizione di un pezzo *Flak 38* da 20mm della Brigata SS, sul fronte di Bobruisk

Bibliografia essenziale

Martin Cüppers, "*Wegbereiter der Shoah: Die Waffen-SS, der Kommandostab Reichsführer-SS und die Judenvernichtung 1939-1945*"

Rolf Michaelis, "*Die Panzergrenadier-Divisionen der Waffen-SS*", Michaelis Verlag

G.M. Prechtl, "*Unsere Ehre Heißt Treue: Kriegstagebuch des Kommandosstabes Reichführer-SS - Tätigkeitsberichte der 1. und 2. SS-Inf.Brigade, der 1. SS-Kav.Brigade und von Sonderkommandos der SS*", Europa Verlag Wien, 1965

Wilhelm Tieke, Friedrich Rebstock, "*Im letzten Aufgebot: Die 18.SS-Freiwilligen-Panzergrenadier-Division Horst Wessel*", Nation Europa Verlag

Charles Trang, "*Dictionnaire de la Waffen SS Volume 4*", Editions Heimdal

Riferimenti fotografici

Bundesarchiv, Germania (BA)

U.S. National Archives and Records Administration (NARA)

Pausa sigaretta per questi soldati della Brigata SS.

Berlin Document Center (BDC)

Istituto di Storia Moderna di Lubiana (MZNS)

Nation Europa Verlag, Coburg (NEV)

Collezioni private di Charles Trang, Michael Cremin, Pierre Tiquet

Archivio Wolfgang Vopersal

Archivio fotografico Associazione Culturale Ritterkreuz

Archivio fotografico personale Massimiliano Afiero